JIAYU JIAOLÜ

PSYBOOK SERIES
心理书坊·心理治疗

黄富强 孙玉杰 著

驾驭焦虑：
认知治疗自学/辅助手册

教育科学出版社
·北京·

作者简介

黄富强博士　香港大学社会工作及社会行政学系副教授

黄富强博士为香港大学社会工作及社会行政学系副教授，主要教授社会工作及精神科辅导课程。黄富强博士曾在美国贝克学院（Beck Institute）接受认知治疗训练，并取得“认知治疗师”的资格，他有着丰富的本地精神康复工作临床经验，在澳洲亦曾任职精神病个案管理工作。主要著作包括：

《情绪管理与精神健康：认知治疗小组介入手法与技巧》（2003）黄富强，孙玉杰著

《走出抑郁的深谷：认知治疗自学/辅助手册》（2005）黄富强主编

《精神病临床个案管理：致病性·压力模式》（2006）黄富强著，黄富强，喻慧敏译

孙玉杰　香港城市大学专业进修学院讲师

孙玉杰先生多年来专注研究精神健康，并从事相关的教学及实务工作。他近来积极采用“认知治疗”小组辅导手法，服务抑郁症及社交焦虑症患者，并曾与黄富强博士合著《情绪管理与精神健康：认知治疗小组介入手法与技巧》及《走出抑郁的深谷：认知治疗自学/辅助手册》等书。孙先生亦曾多次于小组辅导中引用实证为本的研究法作成效评估，他尤其专注于社交技巧及精神健康小组辅导工作，并积极研究及推广休闲生活身心健康之法。

目　录

序

焦虑的情绪会影响人们的身体、家庭生活以至工作和学业的表现。近年来，现代人患有焦虑症的情况有不断上升的趋势，这无疑与现代社会的工作及生活压力有着不可分割的关系。无论在职人士或家庭主妇都要承受很沉重的生活压力：在职人士的工作量不断增加，家庭主妇则要承受林林总总的家庭和社会的压力。烦扰的事情接踵而至，使当事人透不过气，难免容易使人产生焦虑的情绪。

都市发展给人们越来越多的压力，倘若可引致焦虑的生活事件不会减少或改变，要生活得轻松快乐一点，我们唯有改变生活态度和习惯。我们可以学习一些策略和技巧，减轻焦虑的情绪并调适生活上的压力。

多年来国外以“认知治疗”减低焦虑对人们的困扰，成效显著，其中以“自学/辅助手册”作为减低焦虑情绪的工具，广为读者采用，相关的自学手册，更是百花齐放；反观中国及海外的华人社会，自学形式的实务手册却是屈指可数。

自2004年以来，笔者以“认知治疗”小组协助不同阶层人士“驾驭焦虑”，效果彰显。现在，我们将小组的内容及背后的理论去芜存菁，制定了各种技巧和策略，编成这本“自学/辅助手册”。希望更多的中国人能以自学方式，冲破困扰，平和生活。

与此同时，此书亦十分适合专业工作人员参考，有关人员可借用书中的技巧与策略，循序渐进地协助当事人驾驭焦虑的情绪。

最后，感谢教育科学出版社及周益群老师的支持，使本书中文简体版出版及发行，让更多的中国同胞认识认知治疗。

黄富强博士

香港大学社会工作及社会行政学系

2010 年 4 月

导 读

一、本手册的读者对象

这是一本以自学/辅助为主要形式的实用手册，阅读对象除了已被诊断患有泛焦虑症或社交焦虑症的患者外，亦适合一些被焦虑情绪困扰了一段时间，并推测自己可能患上焦虑症的人士。此外，作为上述两类对象的亲属或朋友，亦可视本手册为一本参考书籍，以进一步了解患者的病况、需要及如何协助他战胜焦虑情绪。

二、本手册的主要功能

（1）协助焦虑症患者、被焦虑情绪严重困扰的人士及其亲友，以“自己帮自己”（DIY）的形式，认识及处理自己的焦虑情绪，助己助人。

（2）让读者认识焦虑症的起因、症状及治疗方法。

（3）介绍“认知治疗”的主要概念及介入方法，并请读者依据手册的指导，循序渐进地处理个人固有的思想陷阱、思想规条，并以实际的想法和行动来平衡情绪，以加速康复。

三、本手册的内容概要

这本“认知治疗”自学/辅助手册的内容概要如下：

（1）在第一单元里，我们会介绍何谓焦虑症及社交焦虑症，让您对情绪问题多一些了解及认识。我们亦会提供有关焦虑及社交焦虑的情绪测量表，读者可以为自己的情绪作出初步评估。

（2）在第二和第三单元里，我们会先协助您找出哪些情境会引致焦虑，并了解自己遇到这些情境时，在生理、情绪、行为、思维等各方面，如何作出不良的反应。另外，我们亦会从理论层面开始，探讨负面的思想如何引致焦虑情绪，以及相关的“保护行为”（safety behavior）。

（3）在第四和第五单元里，我们会协助您界定何谓“思想陷阱”（automatic thought），并探讨自己的“思想陷阱”如何引致焦虑情绪和“保护行为”；然后，我们会学习一些技巧，以阻止自己跌进这些“思想陷阱”。

（4）在本书的第六和第七单元里，从认知的角度出发，找出您的“思想规条”（dysfunctional rules）如何引致焦虑情绪，并学习一些放松及改变思想规条的技巧。

（5）在本书的第八单元里，我们会协助您认识自己的生活方式怎样引致过量的生活压力，并协助您重整及建立均衡的生活。

（6）在最后一个单元，我们会作一些总结，请您为自己两个月来的转变作一些自我评估。

在这个简要的大纲中，您或许会发现不少陌生的专有名词和术语，可能会有点儿摸不着头脑。不过，请不要担心，在后面的篇幅里笔者会详细论及这些专有名词的含义，在此大家只要有一个概略的认识便可以了。

四、本手册确实能协助您应对现在的情况吗？

焦虑症患者一方面需要通过药物治疗，处理脑内缺乏血清素所引致的问题。另一方面，心理辅导的配合亦不容忽视，因为很多患者都持续出现负面情绪（例如恐惧、沮丧、烦躁）及负面思想，这些正是令他们患上焦虑症的部分因素；而心理辅导能协助患者改变固有的负面思想框框，有助于解决患者情绪困扰的问题。

现代人工作忙碌，生活步伐急促，未必能定时抽空接受心理辅导，而一般私人的心理辅导费用异常昂贵，非大众百姓可以负担的。再者，在传统中国文化观念的影响下，一般人认为患有此类情绪病是件不光彩及羞耻的事，基于“家丑不可外传”的心态，便不敢向专业人士求助。此外，一些患者由于未能突破心理关口，向别人透露个人的感受，以致将病情拖延，迟迟没有接受辅导，促使病情恶化。为照顾上述人士的需要，我们特别编写这本自学形式的手册，期望为读者提供一种弹性较大、空间较宽的治疗焦虑情绪的方式。

可能您会对运用自学/辅助手册解决个人问题的方式存疑，但事实上，国外有很多情绪病的治疗方式，例如焦虑症和抑郁症等，除需要患者接受药物治疗及心理辅导外，亦十分鼓励患者运用自学/辅助手册，系统地学习怎样解决个人的焦虑。而“认知治疗”正是其中最广泛应用的辅导方法。

五、怎样从本手册中最大获益

也许您会担心自己没有足够的动力及恒心完成整本手册的练习，国外很多研究显示，自学形式的手册若未能有效地协助读者改善目前状况，主要是由于读者没有贯彻始终地完成整本手册的所有练习，这正反映出个人的决心及坚持是成功协助自己治疗焦虑情绪的关键。故此，请记住：您绝对可以帮助自己战胜这次的挑战，而且您的投入和参与，足以突破当前的困境。

事实上，当您愿意花钱购买本手册时，我们相信您也期望它能帮助您改善目前的精神健康状况。请在每次开始翻阅这本手册前，谨记下列各点，认真地为自己作最好的准备：

☑ 时间：每星期预留约两至三小时的时间完成一个单元的内容。

☑ 环境：舒适、安静的环境。

☑ 态度：有耐性、决心，愿意为自己将来能拥有轻松的生活作出积极的改变。

☑ 行动：每星期完成一个单元的内容，并根据手册的指导完成所有的练习或行动。

☑ 奖励自己：在使用这本手册的过程中，学习欣赏自己和称赞自己或多或少的进步，并给予自己一些鼓励。

☑ 接受自己：同样地，您可能会重新认识自己，例如自己的不足或缺点，要接受这些新发现并不容易，但请您开放自己，接纳多方面的“你”，并为改变现状而作相应的改变。

☑ 约见“守护天使”：找一位您信任的家人/朋友/治疗人员或辅导员，告诉他们您现在正在使用本手册，并邀请他/她作为您的“守护天使”，您每星期可以和他/她分享自己的进度和状况，甚至邀请他/她经常为您打气，给予情感上的支持，这绝对有助于激发您完成本手册的动机。

使用本手册的过程中，可能您会被生活上的大小事情，例如家庭琐事、工作、出席不同的社交聚会所缠扰，种种事情弄得您不时有放弃的念头。

请谨记，使用本手册时，不可以半途中断，认为自己已大致掌握手册的内容，以后只需依靠自己的意志力，便足以应付。要知道，很多焦虑症患者的焦虑情绪为期不短，如果克服恐惧是一件容易的事，他们早该成功了。**问题是，作出转变并不是件容易的事，甚至很困难；不过，虽然困难，却不等于没有可能，因此我们才特别指出恒心的重要性。**

认知治疗的过程特别要求需反复练习，如果您中途放弃，或不愿意付出时间练习，无论一本手册如何有系统、条理分明，都不能帮助让您克服焦虑与恐惧。

请为自己美好的未来，每星期留一点儿时间及空间，让这本手册陪伴您的改变与成长。

第一单元

焦虑从何处来

阿诗的记事簿

阿诗，28 岁，大专音乐系毕业后，曾在中学担任音乐老师。以往的工作经历并没有让她留下丝毫愉快的回忆，她常常觉得跟同事格格不入，无法与他们轻松自在地交谈。曾有好几次，当她正想开口跟别人闲聊时，脑海中就会自然想到："我可以跟他们谈什么话题呢？他们都是很有经验的老师，全都学识渊博。相反，自己什么都不懂，跟他们交谈只会显得自己无知，惹来他们的耻笑。"每每想到这些，她便会躲进一角，尽量避免跟同事交往。此外，每当想起要跟别人说话时，就会时刻感到浑身不自在，脸绷得紧紧的，甚至会出现呼吸急促等身体不适的现象，这些令她更不愿意与别人打交道。

阿诗跟父母及年幼的弟弟同住，父母都是专业人士，工作十分繁忙。她与母亲的关系尚算不错，但跟父亲的关系比较疏离，很少交谈。因为自幼就觉得父亲要求严格，一直感到无法满足父亲的要求。相反，她的弟弟学业成绩出众，不时得到父母的称赞。有一次，当听到父亲盛赞弟弟的学业成绩及社交能力时，她呆呆地想："我根本就比不上弟弟，无论学业和与人相处方面他都比我强得多。我好像是什么也做不好，说话没有条理，反应不够敏捷；而弟弟口齿伶俐，朋友一大堆，我是如何也比不上他啊！"从此，她时常感到心情沉重，不开心，焦虑不安。

其实从小学开始，同学们已觉得阿诗十分孤僻和文静，在学校时就喜欢独来独往，有团体活动的时候，她就会推说自己没有兴趣。长大后，每逢跟一大群人走在一起，便会浑身不自在，弄得不敢出席群体活动。尽管如此，她并非不喜欢接触更多的朋友，只是不知道为何跟别人在一起时总会为她带来不安的感觉。曾经有一次，老同学邀请她参加派对，但那些担心、忧虑和紧张的心情又自然地向她袭来，而且脸庞变得赤热，身体绷得僵硬。她思度着："我说话口齿不伶俐，样子又十分老套，别人看见我这个样子，谁会愿意跟我聊天啊！"想到这里，她就断然拒绝参加这个聚会了。

阿健的记事簿

阿健在银行担任文员工作，主要是回答及处理顾客的查询。近日来，他觉得工作越来越吃力，以往一向由他处理的事务现在也会感到难于应付，人看起来有点心神恍惚，也比以前健忘，并经常想逃避什么似的。

有一天，一位老太太向他查询有关外币转账的问题，对于货币的买卖差价重复询问，令他感到十分厌烦，心想："她为什么会不断地问相同的问题？我不是已经回答得很清楚了吗？我的表达是否真的这般差劲甚至词不达意呢？"此时，他感到面红耳赤，肌肉绷紧，心情异常不安，他努力地控制着自己的情绪，希望自己不要发脾气。但可惜，当老太太多问上一句，他再也沉不住气："如果你不满意我的回答，你大可向我的上司投诉我。"说完后便气冲冲地离去。老太太被他突如其来的怨气弄得顿时满脸疑惑，气愤地向主任投诉。事后，阿健十分懊悔自己的行为，责备自己为何不能好好地控制自我情绪，责怪自己对老人家失去耐心，不断地埋怨自己。

阿健已婚，太太在银行的借贷部工作，家庭收入稳定，夫妻关系尚算和睦。他们育有一子一女，分别为12岁及8岁。阿健对子女的要求很严格，因读书问题时常责备大儿子，因为他觉得儿子很反叛。由于阿健不时对儿子责骂，导致父子经常争执。太太觉得阿健对儿子过于紧张，事事管束。有一天，阿健下班后约6点回到家里，见到儿子正在看电视，他立刻感到面红耳赤，情绪激动，心跳加速，随即大声责骂儿子："为何还不好好温习！还有两天便考试，你仍在看电视，你这么不听话，是否想气死我！"

阿健在旁人眼中是位"紧张大师"，面对任何事情都好像如临大敌，做事十分认真，任何细节都一丝不苟。他这种做法无论对自己或别人，都给予很大的压力，导致很多同事都很怕跟他一起合作。

总的来说，阿健不满意自己的家庭及工作表现，这种感觉在这半年内越发严重。

一、焦虑症

根据美国精神病学会《精神疾病的诊断和统计手册》（DSM-IV-TR）显示，焦虑症是一种情绪障碍，可分为泛焦虑症（Generalized Anxiety Disorder）、恐惧症（Phobia）、社交焦虑症（Social Phobia）、强迫性焦虑症（Obsessive-Compulsive Disorder）、创伤后应激障碍（Post-Traumatic Stress Disorder）等。

不同类型的焦虑症，都有相类似的症状，例如容易紧张、烦躁不安、担忧等；身体方面会有手心冒汗、面红耳赤、心跳加速等症状；思维方面会有负面思想，灾难性想法等；而行为方面会有逃避行为、保护行为等，例如下雨天戴上太阳眼镜，走路时左闪右避等。患者本身绝不希望这些焦虑的症状会出现，无奈自己又无法控制它们的出现。而且，当面对一些平时可以自行解决及处理的事情，却因焦虑而削弱了解决该等问题的能力，甚至有时对简单不过的事情也不能及时处理，这会导致个人极度沮丧。

焦虑的情绪本是一种自然现象，每当个体在面对生活上的各种压力，你我或任何人都会产生焦虑。那么，多严重的焦虑情绪，才会称之为焦虑症呢？根据我们的理解，当这些症状持续地出现了一段时间，并影响到当事人的日常生活、工作、学业，甚至社交生活时，便构成焦虑问题了。

在众多的焦虑症中，泛焦虑症及社交焦虑症被认为是较多人患上的情绪病，本书将主要讲述这两类焦虑问题，并着重介绍如何运用“认知治疗”的方法去舒缓焦虑情绪。我们谨希望每个人在面对生活上的不同压力时，凭借所学来的“认知治疗”法来与焦虑同行，恢复正常人的生活。

1. 泛焦虑症

患者会经常紧张，很多时候无故担忧、惶恐，而这些忧虑的事情可以随时随地、无时无刻地在生活的不同环节中出现，甚至有时对身边发生的生活琐事也会有很强烈的反应。这种焦虑情况若持续超过 6 个月，导致日常的生活受到影响，便会被界定为患有泛焦虑症。这些人士普遍会有以下的症状：

（1）觉得身处的环境有很大压力或危险，甚至有潜在灾难，对自己会构成伤害。

（2）对于上述的伤害或危险，觉得自己完全没有能力应付或解决。

2. 社交焦虑症

患有社交焦虑症的人士主要是在社交场合中感到焦虑不安，根据美国精神病学会《精神疾病的诊断和统计手册》（DSM-IV-TR）显示，社交焦虑症患者“对于某个/某些社交处境，有明显和长期的恐惧；在这些社交处境中，当事人害怕在陌生人面前露面，或者被其他人评核打量。他惧怕自己的行为和紧张心情，会使自己陷于尴尬的境地或屈辱”。由此可见，社交焦虑症的重点是当事人十分在意别人如何评价自己，因而产生焦虑。

社交焦虑症患者所惧怕的社交场合种类很多，最普遍的有：公开演讲、与陌生人交谈、在他人面前工作或进餐、与异性相处，等等。症状稍轻的患者通常只会对个别一两类较特殊的社交场合感到恐惧和抗拒，但较严重的患者可能路过稍为繁忙的街道或乘搭公共交通都会引起恐惧。这些人士普遍会有以下的症状：

（1）当事人身处某类社交场合时会产生“过多”的恐惧感，即大部分人在相同或类似的处境下，并不会特别感到恐惧。

（2）有些社交场合给当事人带来长期困扰，而当事人会尽量回避出现在这类场合。

（3）这种焦虑的情绪对当事人的日常生活构成非常负面的影响，如妨碍他不能上学、不能发挥工作表现、与其他人不能自然地相处，等等。

二、你对焦虑症的认识有多少？

1. 小测试

为了让你了解自己对焦虑症的实际认识，以下有一个小测试。请在每道题目的选项中进行选择，并以"√"号标记。记住不要先看答案哦！

以下是我们常常听到的一些说法，究竟它们对不对呢？	对	错
（1）生活上不时都会有焦虑的感觉，即代表患上了泛焦虑症。	□	□
（2）患上社交焦虑症的人，不过是比较容易害羞，未曾见惯"大场面"，并没有什么大不了。	□	□
（3）焦虑症，跟患上其他精神病（如精神分裂症）是相同的。	□	□
（4）泛焦虑症主要是个人性格问题，患者通常都较为内向。患者须将性格完全扭转过来，才可克服焦虑症。	□	□
（5）无论所患上的焦虑症有多严重，靠个人意志力便可完全克服。	□	□
（6）社交焦虑症患者的主要问题是社交技巧不足，因此他们最需要的是社交技巧和仪态训练。	□	□
（7）只要定时服用精神科药物如镇静剂，便可治愈焦虑症。	□	□
（8）患上焦虑症的人是因为生活太紧张，只要患者学会放松心情，去旅游散心，或来个"水疗按摩"，症状便会完全消失。	□	□

做完啦，现在可以核对答案了，看看自己究竟是明白真相还是误解的时候居多！

小测试答案及诠释

	误　解	真　相
（1）（错）	生活上不时都会有焦虑的感觉，即代表患上了泛焦虑症。	日常生活中有焦虑的感觉是人之常情，有多少人可以做到真正的无忧无虑呢？ 首先，我们要分辨当事人的焦虑是否“过多”、“长期”，甚至是“不必要”；其次，我们亦要留意该焦虑心情是否对当事人的日常生活构成负面的影响，如导致不能上班、上学，等等。
（2）（错）	患上社交焦虑症的人，不过是比较容易害羞，未曾见惯“大场面”，并无什么大不了。	部分社交焦虑症的人先天在性情上，可能真的比较内向或容易害羞，但这只是其中一种成因；还有更多先天或后天的因素，可导致社交焦虑症的形成。如果只将社交焦虑症看为“害羞”，便可能低估了这种焦虑心情的严重性。 况且，一些“害羞”的表现如容易脸红，可能不过是社交焦虑症患者的其中一种身体反应，乃冰山一角，两者不可等同。
（3）（错）	焦虑症，跟患上其他精神病（如精神分裂症）是相同的。	焦虑症是情绪病的一种，病因之一是由于脑部化学传递物质分泌不足，但这与精神分裂症的脑部化学物质分泌有所不同，故患有焦虑症绝不等于患有精神分裂症，在绝大多数情况下也不会有后者的症状，如幻听、妄想等。
（4）（错）	泛焦虑症主要是个人性格问题，患者通常都较为内向。患者须将性格完全扭转过来，才可克服焦虑症。	焦虑症的成因，除患者天生的脑部分泌因素外，后天因素，如患者的思想模式及生活习惯也有关键性的影响，个人性格的特质只是其中一些致病的可能因素。因此，泛焦虑症并不可简化为普通的“性格问题”。
（5）（错）	无论所患上的焦虑症有多严重，靠个人意志力便可完全克服。	患者以坚毅的意志力去面对目前的病患，确实对病情康复有正面的帮助，但单靠个人的意志力并不能克服焦虑症，患者还需接受系统的心理辅导，较严重的更需药物治疗。试想想，如果单靠个人意志便可克服焦虑症，很多人早就已成功了。

（续）

	误　解	真　相
（6）（错）	社交焦虑症患者的主要问题是社交技巧不足，因此他们最需要的是社交技巧和仪态训练。	很多社交焦虑症患者的社交技巧看似不足，甚至有一些看起来比较古怪的行为。不过，这不等于他们不懂社交礼仪，只因他们内心有很强烈的焦虑情绪，因而再衍生出许多“保护行为”的反应，稍后我们会在第二单元再详细说明。 即使有些患者确实社交技巧不足，但仅凭这一点也不能解释之前提到复杂的发病成因。社交技巧不足充其量只能说是社交焦虑症的“副产品”，或一个比较次要的发病成因。
（7）（错）	只要定时服用精神科药物如镇静剂，便可治愈焦虑症。	药物确实对治疗焦虑症有一定的帮助，但焦虑症的病理成因并非纯粹由于生理因素引起，个人习惯性的负面思想模式及错误处理压力的方法亦至为关键，所以心理辅导与药物治疗对患者有相辅相成的作用。
（8）（错）	患上焦虑症的人是因为生活太紧张，只要患者学会放松心情，去旅游散心，或来个“水疗按摩”，症状便会完全消失。	不错，很多焦虑症患者平时都不懂放松自己，故放松心情，过均衡的生活，对治疗焦虑症有不少帮助。 然而，焦虑症并非单单生活过度紧张的问题，焦虑情绪背后的负面思想和与之相关的负面行为，才是焦虑症的关键所在。况且，减轻眼前生活压力，如散心游乐等方法，很多时候只能起“治标”作用，你总不可能天天旅行或做水疗按摩吧！要有效地“治本”，必须针对病理的核心问题。

看过上述答案，你可能对焦虑症已有了初步的认识，却仍然不能准确知道自己现在的焦虑状况是否已达至患有焦虑症。不要紧，无论你的焦虑程度如何，只要你觉得已经拥有某些焦虑症的症状，你也可参考这本自学／辅助手册来帮助你处理焦虑的情绪。然而，如果你想有一个大概的参照值，以了解自己现在的焦虑程度，可以使用以下的《贝克焦虑量表》（Beck Anxiety Inventory）来为自己作一次评估。

2. 贝克焦虑量表

下面是焦虑的一些症状，请仔细阅读每一个项目，然后选出过去一个月（包括今天）你觉得受到该症状的困扰程度，并圈出该数字。

	完全没有困扰	轻度困扰（对我没有多大困扰）	中度困扰（令我很不舒服但还可以忍受）	严重困扰（我几乎不能忍受）
(1) 身体麻木或刺痛	0	1	2	3
(2) 身体发热	0	1	2	3
(3) 腿部颤抖	0	1	2	3
(4) 不能放松	0	1	2	3
(5) 害怕发生不好的事情	0	1	2	3
(6) 头晕	0	1	2	3
(7) 心悸或心率加快	0	1	2	3
(8) 心神不定	0	1	2	3
(9) 惊吓	0	1	2	3
(10) 紧张	0	1	2	3
(11) 窒息感	0	1	2	3
(12) 手发抖	0	1	2	3
(13) 身体摇晃颤抖	0	1	2	3
(14) 害怕失去控制	0	1	2	3
(15) 呼吸困难	0	1	2	3
(16) 害怕快要死去	0	1	2	3
(17) 恐慌	0	1	2	3
(18) 消化不良或腹部不适	0	1	2	3
(19) 晕倒或昏厥	0	1	2	3
(20) 脸发红	0	1	2	3
(21) 流汗（不是因为天热）	0	1	2	3

（1）计分方法

请你将 1 至 21 题，每题所圈出的数字全部加起来，然后将所得的数值写在下面。

你的得分数值：____________________

然后将所得的数值对照分数解释中的三个分数段，看看你现在的焦虑状态处于哪个水平。

（2）分数解释

0—21 ：轻微焦虑

这是好消息，你无论是面对自己、旁人或周边环境都只显示出很轻微的焦虑。可是，有时这些评估也未必能真正反映实际情况，那是由于你可能拒绝承认问题的存在，或者你已学会如何为焦虑的症状披上一层面纱。

22—35 ：中度焦虑

你的身体开始告诉你：你所面对的生活上的某些事情给了你相当大的压力，并正在负面地影响着你的生活。例如，你的工作需要经常在大众面前作汇报演说，而上述症状偏偏就在那个时候出现，你每次在演说前都需要使用其他的方法让自己冷静下来，或是要找其他人来协助完成汇报工作，这种情况显示你可能有某些问题或症结需要处理。显然，这还不至于达到十分危急的地步，但你确实需要寻找疏导压力的方法。

36 或以上 ：严重焦虑

若上述情况不断重复出现，而这种持久及强烈的焦虑情绪并不是由于个人的软弱或挫败所致，那你需要积极寻求解决的方法，否则会对你的情绪及身体造成严重的影响。若情况持续没有改善，你需要约见医生，或向社工、辅导员或心理学家寻求帮助。

＊注意

这个《贝克焦虑量表》只作参考之用。若你的得分介乎 1 – 35 之间，即属轻微和中度焦虑两类人士，这手册应该适合你的需要。此外，若你得分在 36 分或以上，即属于可能患有严重焦虑的人士，由于你现在的情况对你的身体健康、精神健康及日常生活有十分严重的影响，因此我们建议你尽早寻求精神科医生或心理辅导人员作进一步的检查并接受药物治疗。当情况渐趋稳定时，欢迎你再选用本手册。

香港中文大学与上海市精神卫生中心及北京大学医学部精神卫生研究所的联合研究显示（Lee，2007），泛焦虑症与社交焦虑症于中国大城市人口的终生发病率分别为千分之八及千分之五，以上海和北京两大城市推算，患有泛焦虑症的人口合计超过15万，而社交焦虑症的患病人口合计亦超过10万。可见此两种焦虑症是相当普遍的情绪障碍。若你觉得自己的焦虑是由于社交生活所影响，亦希望有一个大概的参照值来了解自己的社交焦虑程度，你可使用以下的《赖布维兹社交焦虑量表》（Liebowitz Social Anxiety Scale，LSAS）来为自己作一次评估。

3. 赖布维兹社交焦虑量表

以下量表列出了24个日常生活可能会面对的情境。请就每个情境回答以下两个问题：

A. 第一个问题有关你身处该情境时的焦虑程度（以0－3表示，数字越大则越焦虑）：
   0：完全不感到焦虑
   1：感到有点焦虑
   2：感到颇为焦虑
   3：感到非常焦虑
B. 第二个问题有关你回避该情境的频繁程度（以0－3表示，数字越大则回避行为越频繁）：
   0：从不会回避
   1：很少回避
   2：间或/有时回避
   3：经常回避

请根据你过去一个星期的经验作答。如果以下一些情境你很少会遇到，你可以假设自己在该情境中可能会有的反应。

【例】如果在公众场合通电话，会令你感到颇为焦虑，而你又经常回避的话，你便会这样填写第一题：

日常生活可能会面对的情境	对于该情境，你的焦虑程度?	对于该情境，你回避的频繁程度?
1. 在公众场合通电话	2	3

日常生活可能会面对的情境	对于该情境，你的焦虑程度?	对于该情境，你回避的频繁程度?
(1) 在公众场合通电话		
(2) 参与小组讨论		
(3) 在公众场合进餐		
(4) 与别人一起在公众场合进饮（包括酒精类）		
(5) 跟权威人士（如上司、老师等）交谈		
(6) 在一群观众面前表演或演讲		
(7) 参加派对/朋友聚会		
(8) 在他人的视察下工作		
(9) 在他人的视察下书写		
(10) 致电一个你不太熟悉的人		
(11) 跟一个你不太熟悉的人交谈		
(12) 与陌生人见面		
(13) 在公共洗手间小便		

（续）

日常生活可能会面对的情境	对于该情境，你的焦虑程度？	对于该情境，你回避的频繁程度？
（14）走进一个其他人已安坐好的房间		
（15）成为众人注意的中心人物		
（16）在会议中大声发言		
（17）参加测试/测验		
（18）向一位你不太熟悉的人表达恰当的反对或不赞同的意见		
（19）望向一位你不太熟悉的人的眼睛		
（20）向一组人报告/汇报		
（21）尝试结识某个陌生人		
（22）向商铺退货		
（23）举行派对/朋友聚会		
（24）坚持拒绝一位强行推销的推销员		

填写完毕后，请依照下面的计分法计算出总分数，然后再根据得分评估自己现在的焦虑水平。

（1）计分方法

计分方法十分简单。请先把你于“焦虑”一栏及“回避”一栏的分数分别加起来，得出“焦虑总分”及“回避总分”；最后，再将两个总分加起，就得到全表总分。

【例】

日常生活可能会面对的情境	对于该情境，你的焦虑程度？	对于该情境，你回避的频繁程度？
（1）在公众场合通电话	1	2
（2）参与小组讨论	2	2
⋮	⋮	⋮
（23）举行派对/朋友聚会	2	1
（24）坚持拒绝一位强行推销的推销员	3	1
	焦虑总分：33	回避总分：25

焦虑总分（33）＋回避总分（25）＝总分（58）

（2）分数解释

请将你自己的得分与下表对照，以检视你当前的社交焦虑程度处于哪个水平。

0－29 分：正常的社交焦虑

所有人身处于某些社交场合都会有焦虑的时候。你的焦虑情绪在合理和可接受的范围之内，只要困扰你的压力过去，你的焦虑状况便会得到舒缓；除非情况日趋恶化，否则暂时并无询问医生意见的需要。

30－59 分：轻微至中度的社交焦虑

你拥有不少社交焦虑症的症状，若以之前提及的分类来说，你有可能属于“非广泛型社交焦虑症”。换句话说，你的焦虑情绪对你的日常生活已构成一定的影响，如社交生活不愉快、工作表现欠佳等。如果你的情绪状况已维持超过一个月，我们建议你询问医生的意见，让医生为你作更仔细的评估。

60分或以上：中度至严重的社交焦虑

你拥有很多社交焦虑症的症状，而且这些症状相对严重。若以之前提及的分类来说，你有可能属于“广泛型社交焦虑症”。你的焦虑情绪已严重影响你的家庭生活、社交生活及工作表现，我们建议你约见医生、临床心理学家或社工辅导员，寻求专业意见及评估。

当你的得分在60分以上，表示情况相对较为严重，由于你当前的情况对你的精神健康及日常生活有显著的影响，我们强烈建议你尽早寻求精神科医生或心理辅导员作进一步的检验及治疗。

请谨记，无论《贝克焦虑量表》或《赖布维兹社交焦虑量表》只供参考之用，它们不能代替精神科医生的专业诊断。

然而，无论你的焦虑程度如何，只要你怀疑自己有这方面的需要，你也可以试用这本为你而设的自学/辅助手册，让你对社交焦虑的课题有更多认识。可别忘记，当你越了解自己的情绪，你对自己的身体及精神健康的洞察力便会越高，既可减轻已有的精神困扰，亦可防范尚未出现的情绪问题，你为什么要放弃这个认识及学习的机会呢?

4. 焦虑症的成因

焦虑症的病因是多元性的，虽然从许多病例中可以发现病发诱因往往与社会心理压力有关；但部分病人发病，的确找不到明显的外在环境因素，所以生理因素也是患病成因之一。因此，焦虑症不但受后天教养和环境因素所影响，亦会受先天生理因素所影响。

（1）先天生理因素

a. 脑部某些神经传递物质分泌不足或过多，出现失衡情况。

b. 家族基因遗传。

（2）后天环境因素

a. 生活紧张，长期处于沉重压力的情况下。

b. 个人习惯性的负面思想模式。

5. 治疗方法

严重的焦虑症患者需要接受治疗，否则病情只会日益严重，个人的日常功能可能因而完全瘫痪，无法与人建立正常的人际交往，亦无法专心工作和读书。对严重的患者而言，最有效的治疗方法是药物治疗及心理辅导相结合。

（1）药物治疗

a. 对那些经常在面对某些事物、情境时会有强烈焦虑的人士，药物可以协助他们减低焦虑。

b. 部分医生会采用苯二氮平类（benzodiazephines）药物（如常见的安眠药安定），但长期服用会令患者对该药产生依赖作用；另外，单胺氧化酶抑制剂（MAOI）（早期的抗抑郁药）与选择性5－羟色胺再摄取抑制剂（SSRI）（如抗抑郁药百忧解）对社交焦虑症亦有相当疗效。

（2）心理辅导

a. 心理辅导主要从患者的心理及性格上找出导致焦虑的成因，并引导该患者学习怎样克服焦虑。

b. 负面思想模式与焦虑症有很大关系，北美国家普遍采用“认知治疗”去改变患者的非理性或负面思想，其成效受到广泛认同。事实上，“认知治疗”的理论显浅易懂，治疗步骤亦清晰明确。

三、认知理论如何阐释过度焦虑

贝克及埃梅里（Beck and Emery，1985）认为焦虑是个体感知周围事物的情绪反应。若个体高估了某个情境的危机，同时又低估了自己的能力，就会出现焦虑症状。焦虑反应包括思维、情绪及生理等部分，与个人的认知过程有着密切关系。一般而言，焦虑症状是个体对潜在危机或具体危机的自然反应。当人感到受威胁时，就会根据当时的环境、自己的应变能力及拥有的资源，衡量威胁的严重程度；情绪、行为及生理等系统亦会作出反应，互相协调，应付危机。但如果长期高估某些情况的威胁性，这个机制就会失效。一个人的自然机制过分活跃，就会产生过度的焦虑症状。

认知理论认为焦虑是由于个体在处理信息的过程中出现了问题（Beck & Emery，1985）。认知功能可以让我们处理外来信息，引导我们选取有用的资料。但过分焦虑的人太专注及高估事件的威胁性，同时低估自己的应变能力，当危机机制启动时，处理及诠释信息的过程便会出现偏差，倾向选择有威胁性的信息，因而忽略了其他的事实，导致作出错误的结论。这种错误演绎事件的过程我们称之为“思想陷阱”（negative automatic thoughts）。

过度焦虑的人有以下三大类型的思想规条（信念）（dysfunctional rules & values）：

（1）认为自己有缺点，不被人接纳；

（2）相信自己不如别人；

（3）怕受他人控制或忧虑一些自己控制范围以外的事情。

当个体受到这些信念影响，便会在面对生活事件时，把情况演绎及评价为：别人不接纳自己，自己比不上别人，以及我无法控制在自己身上发生的事情。

因此，要了解个人的焦虑情绪，关键在于分析其思想陷阱及思想规条。焦虑症患者的思想谬误令他／她无法理性地分析自己思想陷阱内容的准确性。他们的思想陷阱模式有以下的特点，如大难临头、妄下判断及非黑即白等。这类思想模式令患者无法客观评估外来信息。譬如一个有“大难临头”思想模式的人，当感受到冒汗、心跳加速、呼吸不畅顺等生理症状时，可能会认为这是心脏病发作的先兆，自己将不久于人世。当患者确信自己心脏病发作，就会忽略其他可能的解释。最后，每当感到心跳加速或呼吸沉重时，就引致极度忧虑，甚至恐慌发作。当焦虑症患者认为某些事物有威胁性，就会特别敏感，产生许多假的警号，情绪长期处于紧张状态。

错误地诠释事物还会形成恶性循环，加强及令焦虑情绪持续。若个人认为自己工作上一定不能出错，否则便会被解雇的话，就会小心翼翼地处理上司所委派的任务，唯恐有错。由于恐惧，他／她便更加焦虑。极端焦虑影响这位员工的工作表现，出错的机会反而更大。结果，工作表现真得不尽理想，于是加强了他／她对自己能力不足、会被解雇的信念，令焦虑情绪加剧。

以上例子显示，焦虑症患者思维、生理及情绪之间的互动，会形成恶性循环，令焦虑情绪加剧。焦虑症状可能令当事人感到受威胁，因而影响其表现，表现不好是一种负面反馈，令患者更加觉得处于危机状态，焦虑及无能感继而增强。于是，焦虑情绪更为牢固并得以持续。

四、认知理论如何理解社交焦虑与思想、行为的关系

1. 情境分析

“社交焦虑”跟普通的焦虑情绪有所不同。举个例子：某些有社交焦虑的人士，觉得自己一事无成，别人会瞧不起他，从而很害怕跟别人接触。但生活总会有时需要现身公众场所，他便会长时间戴上墨镜，借此拒绝与他人进行任何眼神接触，并尽量回避别人的目光。这时，他自己会想：“嗯，只要我不看着别人，他们便不能看见我呀！”

社交焦虑人士往往会错误地揣测别人的行为表现，但却不自觉地巩固了自己既有的负面思想，甚至刻意去留心别人的举手投足来引证自己的想法。例如，

> 有位女士常常觉得自己不懂打扮，衣着寒酸。某次旧同事约了上茶楼品茶，不远处坐了两位打扮趋时的少妇正在闲谈，忽然向她这边瞟了一眼，继而看见两人掩嘴而笑。她立即紧张起来，浑身发热、脸红耳赤，自忖道：“糟透了，她们一定是觉得我穿着太土，正在嘲笑我呀！”她立即围上头巾，遮挡半边脸。

其实那两位少妇只不过谈及昨晚的电视节目多么无聊好笑，根本不是在谈论她的衣着！

上述情况的出现，会引发出以下的一些现象：

- 这位女士觉得自己的衣着太土，别人见到定会对她评头品足，作出恶意的批评。
- 因此，她在公众场合会很留意别人的反应，别人的举手投足都会被她诠释为一种批评或嘲弄。
- 在这种情况下，她会产生很强烈的焦虑感。
- 从而，她会做出一些保护行为，借此掩饰自己的焦虑，以及避免让别人看见自己的窘态。例如，**“她立即围上头巾，遮挡半边脸”，**以此来避开别人的目光。或许，这些行为表现，在那一刻会为当事人减少压力，暂时舒缓

那些焦虑及不安的感觉。

• 结果，别人看在眼里就会觉得她很奇怪，脸上自然会流露出这样的表情："这个人的行为干吗如此怪诞？"

• 看到别人这种表情反应，她就会联想到："唉，她们的表情不是正好说明我的衣着太土、寒酸吗？并不是我自己胡乱猜测，他们的表情已经告诉了我！"

• 这一连串的行为及思想反应，增强了她的想法："我衣着寒酸，打扮太土，没有一个社交场合会欢迎我。"最后选择逃离现场。正因为逃离的关系，她永远也不能够直接面对问题，克服问题。那就更加会巩固自己错误的想法！从此回避再出席社交场合。久而久之，越逃避，焦虑越严重；焦虑越严重，就更加逃避。

社交场合 ➡ 焦虑情绪 ➡ 不自然行为 ➡ 惹来旁人奇异目光/反应

⬆ ⬇

焦虑越见严重 ⬅ 永远没有机会面对问题 ⬅ 逃离现场 ⬅ 令当事人更为紧张

⬇

回避出席社交活动

2. 产生社交焦虑情绪的要素

在产生焦虑的过程中，开始时可能只不过是一种普通的情绪焦虑，例如"初次会面，害怕不能给别人留下好印象"，这原是一些正常的焦虑心情，但由于后来一连串的错误演绎，慢慢发展成为一种病态焦虑。这当中涉及个人思想上的三个要素：

（1）高估问题的严重性；

（2）低估自己的应变能力；

（3）揣测事件的因果关系：例如当作出一些古怪行为时，自己如何解释这些行为所产生的效果；以及如何揣测别人对自己行为的看法。

五、笔者的经验之谈

如果遗传是最大的影响因素，可以用药物治疗。但若是认知方面出了问题，我们便要正视自己的思维模式：

- 是否自己的惯常想法导致焦虑情绪易于出现呢？
- 为何自己会经常误以为外在的环境都是可怕、吓人的？
- 为何我们会低估自己的能力，让焦虑情绪不时得逞？

遇到焦虑，以逃避或利用一些保护行为来减低自己的焦虑，你觉得这样是否可行？是否有效？其实我们要面对焦虑情境才可解决问题，否则，我们永远不能有效地抚平自己的焦虑。

笔者以往曾以认知治疗法服务长期病患者、抑郁及焦虑患者，结果显示接受“认知治疗”的患者，无论精神健康及正向情绪都有显著的改善，而负面思想与情绪亦明显减少，最重要是能更从容地去面对环境压力！

此自学／辅助手册虽未必可以完全治愈你的焦虑问题，但凭着笔者以往的临床经验及国外的研究，“认知治疗”确有其明显的成效，我们相信当你完成本手册各项内容及练习时，你的状况会有一定的改变。

六、你的承诺

前文提议你找一位“守护天使”见证你的学习进度，并在学习的过程中给你支持。你既已有决心去克服你的焦虑情绪，何不找一位“守护天使”，在他/她的见证下正式地填写一份自我成长的契约呢？

另外，除了心灵上的支持，这位“守护天使”亦将对你有很实际的帮助。本自学手册有不少模拟情境的练习，并不是自己一个人可以做到的，你需要找一位跟你熟悉的人协助。这个人可以是你的亲人或朋友，总之是一位你愿意信赖的人。在练习过程中，他/她既可以给你适当的支持，又可坦白地向你提出中肯的意见。

请不要吝啬你的时间和精力，去找这一位“守护天使”。让我们认真地再讲一句：**任何改变都不是容易的**。不过，如果你愿意投入时间和精神，我们相信你不会白白付出。

当你找到这位“守护天使”后，可邀请他/她填写以下这份契约，以加强自己的决心：

契　约

本人____________________

在______________________的见证下，

愿意在未来的两个月中，按手册的内容去学习了解及处理自己的焦虑情绪。

姓名：__________（自学者签署）　　日期：__________

姓名：__________（见证人签署）　　日期：__________

第二单元

焦虑与思想反应、行为反应、身体反应的关系

单元目标

完成本单元后，你将会明白：

1. 伴随着焦虑的出现，会引发其他方面的不良反应，包括思想、行为及身体上的不良反应。
2. 上述各项反应，主要与当事人的思考模式有关。

阿诗记事簿之
老同学聚会

阿诗经不起同学的再三邀请，答应出席母校的金禧校庆纪念聚餐。出门前对着镜子看了好一会儿，觉得自己今天的样子很憔悴，正犹豫不想赴宴，但老同学一再来电催促，她只有硬着头皮出门。临出门前还刻意往脸上抹上厚厚的一层胭脂，希望自己看上去不那么憔悴。

抵达时，聚餐的时间已差不多，但阿诗还到附近的商场转了几个圈，拖延至最后一秒才步入会场。会场内见到很多校友正在彼此寒暄，正踌躇着往哪边走，眼角瞥见远处一位女士正在上下打量她，阿诗的身体一下子就僵硬起来，心想："今天自己的样子太憔悴了，加上这身衣着也确实太土，她肯定是在讥笑我。"她随手从桌上拿起一杯饮品并牢牢地捧在双手里，她害怕自己会出什么洋相，心里紧张又忐忑，所以差不多将全身的力气都放在双手上。不料她越想平稳地拿着水杯，双手却颤抖得越厉害，甚至连饮料也抖了出来，洒了一身，阿诗顿时窘得满脸通红，觉得全世界的眼睛都望向她。"哎呀，我就是这样什么事也做不好，他们都在交头接耳，必定在议论我的丑态。"她慌张得也不用手去拭干弄湿了的衣服，怕身体稍动会更加惹人注意，而心里头就像系了千百块石头，直往下沉。

一位以前跟她要好的同学上前跟她打招呼，她不但没有响应，也不敢看着同学，心慌得跳个不停，同学见她不理睬自己也就怏怏然地走开。阿诗心里委屈地想："唉，我真不该来，我这样笨手笨脚，来这里只会出丑，自暴其短，连最好的同学也不留下来陪我。从此，她不会再瞧得起我。"她感到羞愧、焦虑不安，惶惶然不知所措，趁着还未正式入席便悄然离去了。

"究竟我怎么了？"阿诗一边坐车回家，一边在想："为什么我样样不如人！为什么上天如此不公平！"

一、如何分析焦虑的经验？

“我怎么了？”

不要小看这个问题，其实我们也常问自己这个问题，尤其当我们心里充斥着负面情绪的时候。像阿诗一样，在社交场合中，常常会产生不少负面情绪。什么是负面情绪呢？负面情绪可能是焦虑、烦躁、担忧、紧张、闷闷不乐……

本来，这些情绪是自然的反应，惊恐、紧张、焦急、恐惧等情绪，每个人都曾经经历过。问题在于：若长时间处于这种负面情绪下，而又不懂得以一些恰当的方法处理，就很容易衍生出情绪问题，泛焦虑及社交焦虑都是其中的例子。

日常生活中最常产生的负面情绪是焦虑，其间还可能夹杂着惊恐、烦躁、忐忑不安，等等。或许，你的心里可能也会浮现出与阿诗相似的问题：“究竟我怎么了？”但又不知道答案。

不知道答案，主要是因为你还不懂得分析自己每次焦虑时的经验，而分析自己的焦虑经验是克服焦虑情绪的第一步！

如何分析呢？我们会以阿诗的个案作为例子，希望弄清楚哪些事件或情境引起她的焦虑情绪，以及随之而来身体、行为及思想上的反应，从而辨识出导致阿诗产生这种焦虑的根源。

请谨记，此手册中不少的练习是需要你自己填写的，这有助于加强你对内容的理解。若你能跟随每个步骤去完成所有的练习，我们相信你一定会获益不少。

1. 引发事件

请仔细阅读一遍阿诗的遭遇，你认为她在参加母校的金禧校庆纪念聚餐的过程中，有哪几件事曾引发她产生焦虑不安的情绪？

请你尝试写下困扰阿诗的事件：

…………
…………
…………
…………

你已经写下了答案，对吗？那么，就请看看我们的分析。

根据我们理解，阿诗在母校的宴会里，碰到以下几件事情而产生焦虑及负面的情绪：

- **事件一**：刚踏进会场，瞥见有位女士上下打量她。
- **事件二**：杯里的饮品抖出，弄湿衣服。
- **事件三**：老同学跟她打招呼后很快又走开，没有留下来陪她。

你是否赞同上述事件是导致阿诗产生焦虑的原因呢？

此外，除了因上述事件令情绪有所转变之外，我们似乎还看到背后存在着其他问题，请再看看以下的分析。

2. 身体反应

在面对焦虑时，身体往往会立刻出现一些自然反应，如心跳、手抖、惊恐等，但这类反应有时会为某些人带来不愉快或不良的后果。

（1）这些反应令当事人产生不舒服及不自然的感觉。

（2）这些反应往往令当事人觉得自己“不正常”，或者是旁观者觉察出她有些不寻常的反应，正如在阿诗的例子里我们见到杯里的饮料因阿诗双手的抖动而溅出弄湿衣服，令阿诗觉得自己双手颤抖是“不正常”的反应，因而不敢动手去擦干衣服。以这种方法去处理“不正常”的身体反应，旁人看在眼里就会觉得有点奇怪：她为什么不去弄干自己身上的湿衣服呢？

（3）当产生这些反应时，当事人会觉得自己无法控制这些反应，同时很害怕这些反应会持续出现及缠绕自己。因此，面对社交焦虑时，会更关注上述的身体反应，但不幸地，很多时候都会得到相反的效果。就如**阿诗越想平稳地拿着水杯，双手却颤抖得越厉害，甚至连饮料也抖了出来。**

事件引发了负面情绪，同时也引起一些不良的身体反应。请试着从阿诗的例子中，找出她有何种的身体变化或反应？

请写下你所观察到的阿诗身处社交场合时的身体反应：

....
....
....
....
....

你已经写下了答案，对吗？那么，就请看看我们的分析。

根据我们的观察，阿诗当时有以下的身体反应：

- **反应一**：瞥见有位女士打量她，<u>身体一下子就僵硬起来。</u>
- **反应二**：杯里的饮料抖出来后，<u>她顿时窘得满脸通红。</u>
- **反应三**：有位同学上前跟她打招呼，<u>心慌地跳个不停。</u>

你的个人经验

焦虑不仅仅是一种不快的情感，所谓“焦虑”，其实有一部分来自身体的感觉，阿诗的经验便是一个例子。

以下列举了多项与焦虑有关的身体反应，希望借此协助你增加对自己的了解。下表用以检核有哪些反应会经常出现在你的身上，以及出现的强烈程度，请在适当的空格内加“√”。

焦虑检核表

（0－5 的等级，0 表示没有这种感觉，5 表示这种感觉很强烈）

身体反应	强烈程度					
	0	1	2	3	4	5
心跳加速						
胸口痛、胸口绷紧						
手脚冰冷						
胃部不适						
肌肉绷紧						
口干或唾液分泌过多						
脸红						
倒胃、恶心、想呕吐						
头晕、头痛						
心悸，惊恐						
呼吸不畅顺						
手抖、脚抖						
食欲不振						

（续）

身体反应	强烈程度					
	0	1	2	3	4	5
肌肉痛						
手心冒汗						
视觉模糊						
说话时声音颤抖、口齿不清						
耳鸣						

3. 行为反应

面对生活压力，或在社交场合出现焦虑情绪时，除了身体有反应之外，行为上亦会作出相应的反应。通常出现的行为反应有两大类，我们称之为保护行为及逃避行为。

第一，保护行为。会做出一些保护性的行为去避免出错、出丑，其中包括：避免跟别人有目光接触、用力紧握水杯、涂抹大量的化妆品以遮掩满脸通红、额角流汗不断又死捏着手帕不放、怕说话犯错因而常顾左右而言他或询问些无关痛痒的问题、说话急促，或不停在脑海里重复“彩排”将要讲出口的话等。

第二，逃避行为。包括不出席活动聚会，以不同借口逃避可能触发生活压力的事情或社交活动，就算勉强出席亦会迟到早退；或者以一些不良的行为，例如饮酒来逃避面对困境。

这些行为本身问题不大，只是若当事人长期以此作为面对焦虑的手段时，便会无法让自己知道其自身其实“具有撵走焦虑的能力，亦可学习摆脱焦虑的方法”。当事人本以为“保护与逃避行为”能让自己避过丢脸或出错的窘态，但不幸反而使个人更为泥足深陷，不能正确地面对自己的错误判断，无法建立解决焦虑的信心及能力。

这里，首先看看阿诗用哪几项负面行为来令自己减低焦虑，同时你将学习分辨哪些属于“保护行为”及哪些属于“逃避行为”？

请先写下阿诗在参加聚餐的过程中曾发生过的负面行为，其次，你认为哪项是属于“保护行为”抑或是“逃避行为”，在适当的字段上加上“√”号。随后，请尝试写下这些行为会为阿诗带来什么负面的影响，例如，有没有机会让阿诗去面对实际情况，让她明白其实情况并不如自己想像得那么糟糕。

行为反应	保护行为	逃避行为	负面影响
(1)			
(2)			
(3)			
(4)			

▼现在，请看看我们如何分析阿诗当时的行为反应：

行为反应	保护行为	逃避行为	负面影响
(1) 临出门前还往脸上抹上厚厚的一层胭脂。	√		阿诗觉得自己的样子憔悴才抹上胭脂，但太浓的化妆反而显得不自然。
(2) 抵达时，聚餐时间已差不多，阿诗还到附近的商场转了几个圈，拖延至最后一秒才步入会场。		√	迟到进场，不只令自己更为紧张，亦会较容易惹人注目。
(3) 她随手从桌上拿起一杯饮品并牢牢地捧在双手里。	√		双手因为过分用力而颤抖，以致将饮料洒出，阿诗又不动手去拭干溅湿了的衣服，容易惹起别人的注意，觉得她的行为比较奇怪。

（续）

行为反应	保护行为	逃避行为	负面影响
(4) 趁还未正式入席便悄然离去。		√	失去面对焦虑处境的机会，从而没有机会学习如何克服焦虑，并了解当时的情况并不如自己想象的那么糟糕。

你的个人经验

当你面对生活压力或出席社交场合时，你是否也会作出类似的行为来应付焦虑的困扰？

请试着在下表中填上你的个人经验，尝试辨识出保护及逃避行为，以及对自己的负面影响。

行为反应	保护行为	逃避行为	负面影响
(1)			
(2)			
(3)			
(4)			

4. 思想反应/负面思想

再看阿诗的例子，从接受邀请到悄然逃离现场，阿诗脑海中都有一些思想反应，而这些反应往往都是些负面的想法，请尝试找出她曾有过的负面想法，然后在下面列举出来。

想法一：
想法二：
想法三：

根据我们的理解，从阿诗的例子中，她曾有过以下的负面想法。

想法一：进入会场后瞥见有人上下打量她："今天自己的样子太憔悴了，加上这身衣着也确实太土，她肯定是在讥笑我。"
想法二：双手颤抖，抖落了杯中的饮料："哎呀！我就是这样什么事也做不好，他们都在交头接耳，必定在议论我的丑态。"
想法三：一位同学跟她打招呼，见她没有响应后离去："唉，我真不该来，我这样笨手笨脚，来这里只会出丑，自暴其短，连最好的同学也不留下来陪我。从此，她不会再瞧得起我。"

阿诗的这些想法，你觉得会给她带来什么影响？是否会影响到她的身体、行为、情绪的反应呢？如果你找到相关的信息，请填写在下表中。

负面思想	身体反应	行为反应	情绪反应
(1)"今天自己的样子太憔悴了，加上这身衣着也确实太土，她肯定是在讥笑我。"			

（续）

负面思想	身体反应	行为反应	情绪反应
（2）“哎呀！我就是这样什么事也做不好，他们都在交头接耳，必定在议论我的丑态。”			
（3）“唉，我真不该来，我这样笨手笨脚，来这里只会出丑，自暴其短，连最好的同学也不留下来陪我。从此，她不会再瞧得起我。”			

请仔细看看我们以下的分析，与你的有何不同？

负面思想	身体反应	行为反应	情绪反应
（1）“今天自己的样子太憔悴了，加上这身衣着也确实太土，她肯定是在讥笑我。”	身体一下子僵硬起来。	双手紧握着水杯。	害怕自己出洋相，心里紧张又忐忑。
（2）“哎呀！我就是这样什么事也做不好，他们都在交头接耳，必定在议论我的丑态。”	顿时窘得满脸通红。	不动手擦干身上的湿衣服，不敢稍动身体。	心里头就像系了千百块石头，直往下沉。
（3）“唉，我真不该来，我这样笨手笨脚，来这里只会出丑，自暴其短，连最好的同学也不留下来陪我。从此，她不会再瞧得起我。”	心慌地跳个不停。	不但没有响应，也不敢看同学。	感到羞愧、焦虑不安，惶惶然不知所措。

我们可以看到在这些负面思想中，其实包含着三个要素。

（1）她高估了事情的严重性。例如阿诗“只瞥见别人看了她一眼，便引申到自己的样子憔悴，衣着太土，别人不会喜欢见到她”。单单一个眼神，阿诗便推论到别人不喜欢见到她，是将事情高估得过分严重。

（2）她低估了自己解决事物的能力。例如，有一次阿诗说："我就是这样什么事也做不好……"在类似的情况下，阿诗很快便把问题判断为自己能力不济，无法应对当前的事情。她忽略了人在极为焦虑的状态下，解决问题的能力会大受影响。相对地，只要她心平气和，便可以避免一些问题的出现，亦可能想到解决问题的方法。

（3）错误演绎事情的真相，甚至将事件推向灾难化。这部分可能与她高估了事情的严重性（第一点）有关，又或是她只留意事件的某部分，而忽略事情的整体状况。例如阿诗"见到同学跟她打招呼后离开，便推断这位同学以后再也瞧不起她"，她除了把问题看得很严重外，亦只看到"同学不留下来陪她"这部分，而忽略了她先前"没有响应别人的招呼，也没有看着同学"这部分——这是别人不留下来跟她谈话的主要原因。

你的个人经验

你是否也曾有过上述类似的经验？请回想某次令你最感焦虑的事件或处境，其中某些情况是否可能是由于你高估了事情的严重性？或低估了自己解决问题的能力？甚至将事实真相错误地演绎，包括将后果扩大为灾难性的呢？

请在下表填上你曾遇过的焦虑情境，然后分辨出属于哪一项原因，再在该栏内加上"√"号。请记住：一个焦虑情境可能同时拥有三个原因。

焦虑情境	高估了事情的严重性	低估了解决问题的能力	错误演绎事实真相
（1）			
（2）			
（3）			

这些想法当时给你带来了什么样的影响？你当时的身体、行为、情绪有

过何种反应呢？请在下表中填写。

焦虑情境	身体反应	行为反应	情绪反应
（1）			
（2）			
（3）			

起初，你们也许会觉得阿诗产生负面情绪的原因，是由于：

（1）开始时别人投向她的眼光；
（2）打翻饮料弄湿衣物惹来他人注目；
（3）老同学的态度所引致。

但当我们深入探讨她的思想反应时，我们不难看到她的情绪问题其实与思想有着更密切的关系。

据我们分析，阿诗负面情绪的由来，主要不是事件本身，而是由于事件而引发起身体、行为、思想等不良反应而造成的。而这种种的不良反应中，**思想反应**是影响情绪反应的主因。

这些负面思想反应似乎才是形成负面情绪的根源。的确，**事件本身并不是问题，你如何理解事件才是问题的所在**。在以下章节中，我们会更详细地说明负面思想如何带来焦虑的感觉，以至于出现负面和不良的情绪、身体及行为反应。

二、生活中有哪些情境令你产生焦虑

1. 焦虑排行榜

从上述阿诗的个案，我们知道如何分析和理解一个令人感到焦虑的经验：

首先要确认**引发事件**，然后再分辨出**身体、行为、思想、情绪**等几方面的反应。

尽管阿诗看来是患了社交焦虑，与你产生焦虑的情况未必相同。但无论患的是泛焦虑或社交焦虑，你也要找出导致焦虑的“引发事件”，因为令每个人产生焦虑情绪的生活情境都各不相同，你需要为自己辨识出有哪些事件或情境令你产生焦虑。

以下的一份表格，请你回想日常生活里有哪些生活环节会令你产生焦虑?然后，请选出十项对你影响最深或最常遇到的事件或情境，填写在左方的栏里。你不用急于填写，请先花点时间慢慢细想再选出最具代表性的事件或情境。

填好左边栏后，再根据这些事件或情境对你所造成的焦虑影响，在右栏填上你的评分（1 –10 分，分数越高代表焦虑感觉越强烈）。

请先看看以下的例子：

令我产生焦虑的生活情境	焦虑程度 （1 –10 分）
• 负责写会议记录	4
• 带学生参加课外活动	9
• 应付考试	7
• 跟陌生的异性谈话	2

你的个人经验

令我产生焦虑的生活情境	焦虑程度 （1 –10 分）
•	
•	
•	
•	

（续）

令我产生焦虑的生活情境	焦虑程度（1－10分）
•	
•	
•	
•	
•	
•	

你已列写下了十项常让你焦虑的生活情境。现在，请将你所填写的按焦虑程度（右栏所填写的）顺序在下列的“焦虑排行榜”上重写一遍。焦虑程度最低的排第1位，最高的则排第10位，如此类推。

【例】

焦虑排行榜

令我产生焦虑的生活情境	焦虑程度（1－10分）	排行榜
• 跟陌生的异性谈话。	2	1
• 负责写会议记录	4	2
• 应付考试	7	3
• 带学生参加课外活动	9	4

焦虑排行榜

令我产生焦虑的生活情境	焦虑程度（1－10分）	排行榜
•		
•		
•		
•		
•		
•		
•		
•		
•		
•		

2. 焦虑的自我分析

在以上“焦虑排行榜”的练习中，你已经找出了十项时常令自己产生焦虑及负面情绪的生活情境。不错！这里每个生活情境，其实都可以构成一项**“引发事件”**，从而引发前面提及过的**情绪、身体、行为和思想等反应**。

为了加强你分辨思想、行为、身体三方面的反应，请你根据下面的步骤，做一个小练习。

首先，请在前面的“焦虑排行榜”中，挑选一项作为这次自我分析的“引发事件”。我们建议你挑选一个焦虑程度介乎“中等”的生活情境（约4－6分），而这情境最好是本星期内你的亲身体验。

（1）使你情绪变得焦虑和紧张的“引发事件”是（从排行榜中选取一项）：

____

（2）在这一事件中，你有哪些“负面情绪”：

____

____

（3）你当时“身体有什么反应或变化”：
（如果一时之间想不起来，可参考前面提及过的一些可能出现的身体反应）

____

____

（4）你当时有哪些“行为反应”：
（前面我们曾经提过有关“保护行为”和“逃避行为”，你是否有这些行为反应？请对此进行说明。）

____

____

（5）你当时的“即时想法”：

____

____

你能够完成以上的小练习来分析一次属于自己的焦虑经验吗？填写期间有没有遇到困难？若有的话，你除了可以参考前面阿诗的例子，还可以跟你的守护天使讨论一下，看看他／她是否可以给你一些意见！

如果你能够顺利完成以上的练习，说明你已掌握了初步的自我分析技巧，当下次遇到类似使你感到焦虑的生活情境时，你不用再单单感叹一句“我怎么了？”，你还可以通过以上的分析方法，辨识出使你焦虑的**引发事件**，并找出自己在**情绪**、**身体**、**行为和思想**几个方面，对该引发事件所产生的反应。

不过，这还不足够，虽然通过以上的分析，你对自己的焦虑经验有了更多的了解，但这并不表示你已经能够克服它。要克服焦虑的情绪，我们必须知道负面情绪、身体反应、行为反应和思想反应之间的关系——究竟它们之间是怎样相互影响的呢？只有这样，我们才能得出正确的判断，从而“对症下药”！

因此，在未曾“开出药方”之前，让我们再以阿诗的个案来了解负面情绪、身体反应、行为反应和思想反应，以及它们在焦虑中扮演着怎样的角色。

三、焦虑情绪是如何产生和运作的？

1. 负面思想与焦虑的关系

个人身处于不同的生活环节中所产生的焦虑，其实始于当事人自己的想法。泛焦虑或社交焦虑患者，都很在意别人的眼光，正因为如此，她们亦会十分留意自己的行为表现，并常常为这些表现作自我评估。

就是说，焦虑患者会时常扮演一个“观察者”的角色，从而评估自己在有关的生活环节中的表现。而且，他/她们比较倾向于从负面的角度去评估自己的行为表现。以“认知理论”而言，焦虑者的自我形象有一种扭曲的想法：**即使事情未必如他/她们所想的一般糟糕（甚至有一些值得自我欣赏的地方），他/她们仍会倾向于负面地看自己的行为表现，亦倾向于相信别人会同样负面地评估自己。**

其实，他/她们在思考的过程中：

（1）高估了事情的严重性；

（2）低估自己的应付能力；

（3）只是片面和错误地选择了一些所谓“危险”的部分，而没有正确地分析该事件的严重性。

这些偏差的思想反应，我们称之为“思想陷阱”，即发生事情后第一时间出现的负面想法，令我们对身边事物的理解出现偏差及误解。从认知治疗的角度来看，这些“思想陷阱”令当事人在面对问题时会作出扭曲实际情况的现象。不过，这些“思想陷阱”的出现，往往跟当事人一些牢固的“思想规条”有关，而这些思想规条又与他们怎样去评价自己有着密切的关系。例如，一位患者会觉得“考试如果拿不到90分以上，家人就会看不起我”。又或者，作为一位员工“与老板和同事相处，要面面俱到、话头醒尾，不可以有半点儿焦虑、紧张”的表现。若他拥有这些规条，当达不到这个要求或身处类似的情境时，就会因为自己的思维想法而大为紧张、惴惴不安了。

不幸地，他们在类似的生活环节上越是紧张，便越是无法冷静地处理事情及好好表现自己。结果，他们在表现失准的情况下，更觉得自己没有能力正常地与别人交往，甚至会越来越怀疑及贬低自己的能力。最后，当这个恶性循环继续下去，当事人便开始作出一些保护行为及逃避行为。

2. 思想陷阱与思想规条

既然知道负面思想对我们的情绪、身体及行为，均有重大的影响，那么就让我们看看负面思想如何带来情绪、身体和行为等各方面的反应。一些推行认知治疗的学者认为，患有焦虑症的人士，其思想谬误主要来自两个方面：一是思想陷阱；二是思想规条。

（1）**思想陷阱**：这是个人在面对压力时出现的即时想法。不少受到情绪困扰的人士都会出现一些思想陷阱，如“归咎于己”、“非黑即白”、“否定自己”及“妄下判断”等。这些思想陷阱，使个人在思想的过程中把事件的真实性扭曲了，因而作出了错误的判断。试想，一位老板就某员工的工作表现作出一些评语，该员工事后说：“为何我会将所有事情都搅得乱七八糟！”但实际情况可能是：他只犯了一个小错误，但却能顺利并按时完成所有工序。以此为例，我们可以看到该员工已掉进“非黑即白”这个思想陷阱了。不少思想陷阱都是个人从小时候通过经验学习得来的，故此，某些思想陷阱会不断地在个人身上重复出现。

（2）**思想规条**：这是个人从小通过经验学到的一些僵化或不理性的准则及假设，例如“无论我做什么事情，都是因为有其他人在场才能成功”或

“无论我如何努力尝试，我都不可能做到”。这些不理性或僵化的规条及假设会影响我们在生活中所抱持的态度，倘若这些僵化或不理性的规条及假设在现实生活中主导了个人的处事态度及行为，便会产生情绪困扰的问题。与思想陷阱一样，不良的规条亦会不断在个人身上重复地出现。

思想规条是一种相对比较基础和根深蒂固的认知元素，思想陷阱却是源自思想规条衍生出来的结果。

当身处不同的生活环节时，我们很容易基于这些习以为常的**思想规条**，不经意地繁衍出形形色色的**思想陷阱**。这些思想陷阱又会自然地令我们从**负面的角度去评估自己的行为表现**。最后，如前文所提到的，负面的评估带来**焦虑的情绪**，亦引起各种**不良的行为和身体反应**，而这些负面的行为和身体反应亦反过来，使我们更加焦虑和恐惧。情况就如下图所阐释的一样：

焦虑与负面思想

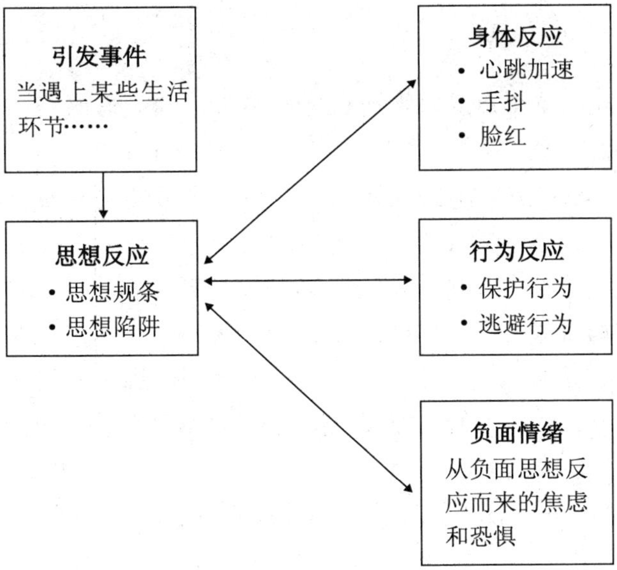

为了加深对上图的理解，我们试以阿诗的个案作为例子：

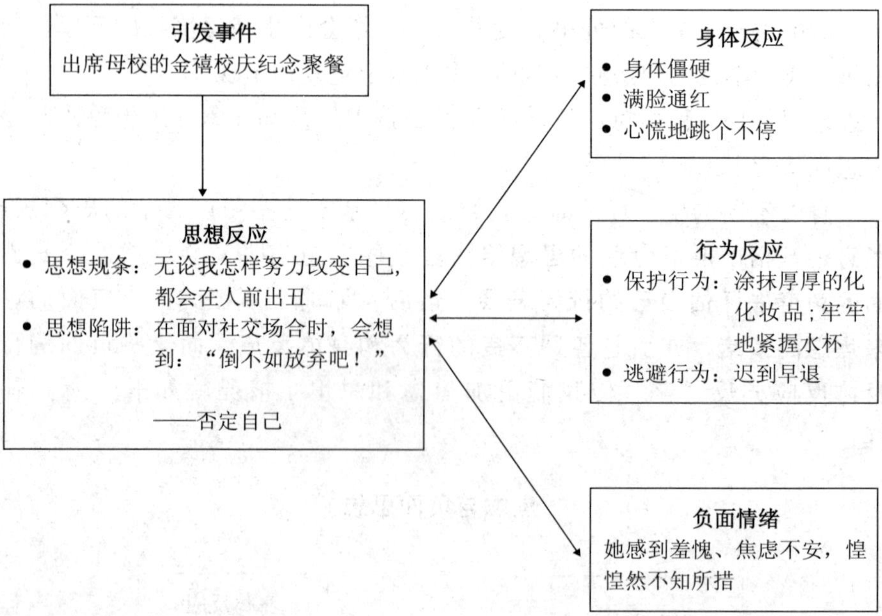

你或许会问：就算知道以上所讲的有关思想和焦虑的关系，我又可以怎么办呢？

不用担心，从第五个单元开始，我们会集中探讨"思想陷阱"和"思想规条"两个课题，亦会学习"五常法"的技巧（对于自己的思想陷阱和思想规条作出反省、反驳及修正）。例如，本手册会教导你学习"思想陷阱类型的辨识"、"思想验证技巧"（即鼓励读者在现实环境里，尝试验证其想法的真确性）、"取代想法技巧"（即找出另一个较合理的想法来解释个人的经验或遭遇）等。因此，暂时我们只需要大概了解负面思想和焦虑的关系便可以了。

四、练习——负面思想与焦虑的关系

为了加深你对上述关系的认识，请你再做一次练习。还记得阿健吗？现在就以他的个案为例，看看扭曲的思维如何带来焦虑的情绪。

阿健记事簿之
烧烤同乐日

阿健与太太应邀参加朋友的烧烤活动，为了能如期出席聚会，他一早便安排当天将子女送到父母的家中，让他们代为照顾。但刚踏出家门就听到电话铃声响起，回头接听电话后又将钱包忘记在电话机旁没有取走，前前后后令他迟了大半小时才到达聚会地点。

为了今天的约会阿健一早已作好安排，但最后仍是免不了要迟到，这点令他不快外，匆匆赶来也弄得满头大汗，刚巧此时一位朋友趋前跟他说笑："哎哟，好大的架子，老友聚会也要迟到！难道还要三催四请才肯现身？"阿健听后心里叫苦："我不是说过今天的聚会千万不要迟到吗！你看，稍为迟了一点已被朋友用冷言冷语嘲弄，弄得我在大伙儿面前出丑。"一想到这里，旋即全身炙热、满脸通红，周身肌肉绷紧。他别过头不作出回应，心情更加沮丧及烦躁不安。太太见他面泛不悦，唯有好言相劝，解释别人可能只是说笑而已，但他坚持自己的想法。

烧烤时虽然大家有说有笑，阿健却因刚才朋友的一番话心里始终有个疙瘩，他把问题越想越严重，脑海不停纠缠着同一个问题。坐在对面的一位朋友想跟他打招呼，但见他心神恍惚，说话有一搭没一搭，便没有与他闲扯下去。太太见他心不在焉，便提醒他刚刚别人跟他说话，他却没有回答。被太太这么一说，他又羞愧起来："我竟会这般失态，他必定以为我嚣张，所以才没有回答。我的到来反而使自己的形象弄得更糟！"他沮丧不已，心里如热锅上的蚂蚁，焦躁难耐，同时有点倒胃想呕的感觉。阿健不肯再停留片刻，决定提早回家。

请仔细阅读“阿健记事簿之烧烤同乐日”，试着找出并写下两项令阿健产生焦虑情绪的事件，然后依下表作出分析。我们随后会为你提供答案参考。

事件一：______________________（引发事件）

- ______________________（思想反应）
- ______________________（行为反应）
- ______________________（身体反应）
- 心情更加沮丧及烦躁不安。（情绪反应）

问题：以你的理解，在众多反应中，哪一项才是导致阿健陷入“负面情绪”的主要原因呢？

回答：我觉得________是影响阿健产生负面情绪最重要的因素。

▼以下是“阿健记事簿之烧烤同乐日”的答案，是否跟你填写的一样呢？

事件一：参加朋友烧烤活动时迟到，朋友开玩笑说他架子大所以迟到。（引发事件）

- 觉得朋友嘲笑他，弄得他在大伙儿面前出丑。（思想反应）
- 别过头不作出回答。（行为反应）
- 全身炙热、满脸通红、周身肌肉绷紧。（身体反应）
- 心情更加沮丧及烦躁不安。（情绪反应）

问题：以你的理解，在众多反应中，哪一项才是导致阿健陷入“负面情绪”的主要原因呢？

回答：我觉得 思想反应 是影响阿健产生负面情绪最重要的因素。

事件二：____________________________（引发事件）

- ____________________________（思想反应）
- ____________________________（行为反应）
- ____________________________（身体反应）
- 阿健如热锅上的蚂蚁，焦躁难耐。（情绪反应）

问题：以你的理解，在众多反应中，哪一项才是导致阿健陷入“负面情绪”的主要原因呢？

回答：我觉得____________是影响阿健产生负面情绪最重要的因素。

▼以下是事件二的答案。

事件二：烧烤时朋友跟他打招呼，阿健没有即时作出响应。（引发事件）

- 觉得自己态度失仪，参加聚会反而使自己的形象弄得更糟。（思想反应）
- 心神恍惚，说话有一搭没一搭；不肯再停留片刻，决定提早回家。（行为反应）
- 有点倒胃想吐的感觉。（身体反应）
- 阿健如热锅上的蚂蚁，焦躁难耐。（情绪反应）

问题：以你的理解，在众多反应中，哪一项才是导致阿健陷入“负面情绪”的主要原因呢？

回答：我觉得<u>思想反应</u>是影响阿健产生负面情绪最重要的因素。

从以上分析看到，在众多反应中，思想反应是导致负面情绪最重要的一环。

同一件事情以不同的角度去理解，结果可能很不一样。我们试以上述相同的事件，从正面的角度来作一个比较，看看结果会如何？请你先尝试填写一下。

正面的思想反应

事件一：参加朋友烧烤活动时迟到，朋友开玩笑说他架子大所以迟到。（引发事件）

- ________（思想反应）
- ________（行为反应）
- ________（身体反应）
- ________（情绪反应）

▼请看看我们的分析。

事件一：参加朋友烧烤活动时迟到，朋友开玩笑说他架子大所以迟到。（引发事件）

- 同事只是开玩笑，我根本没有理由作出无谓的揣测。（思想反应）
- 跟同事解释迟到的原因，并留下来跟大家闲聊。（行为反应）
- 全身炙热、满面通红的感觉慢慢消退，肌肉也开始松弛下来。（身体反应）
- 整个人自然地轻松起来。（情绪反应）

可以看到，阿健若转换一个角度去看问题，那么，行为、身体、情绪等反应亦会随之有所不同。现在，请再做一个练习。

事件二：烧烤时朋友跟他打招呼，阿健没有即时作出响应。（引发事件）

- ________（思想反应）
- ________（行为反应）
- ________（身体反应）
- ________（情绪反应）

同样，当阿健在“事件二”中再从另一个不同的角度去看问题时，其行为、身体、情绪等反应亦会有所转变。

▼再看看我们的分析。

事件二：烧烤时朋友跟他打招呼，阿健没有即时作出响应。（引发事件）

- 没有即时回应似乎有点不礼貌，但只要赶快给他解释，朋友也会理解。（思想反应）
- 马上提起精神，并上前向朋友解释自己今天不在状态。（行为反应）
- 开始时有点倒胃，但慢慢这种感觉没有了。（身体反应）
- 心情渐入佳境，人也轻松起来。（情绪反应）

正如上文所述，处于不同的生活压力或社交场合中，如果你只有负面的想法，便会很容易进入“思想陷阱”，觉得自己或是在他人心目中的表现都十分差劲，这自然会产生焦虑。除了有负面的情绪外，随之而来会有负面的身体及行为反应，凡事总往坏处想，情绪也跟着转坏。若从正面去理解事件，情绪便会截然不同了！

五、焦虑与日常生活压力的关系

不可否认，一个人感到焦虑，除了跟他/她的思想有关，亦跟他/她的生活模式有关联。每个人都有多方面的需要，而均衡生活反映了我们生活上的不同需要，例如我们除了需要以工作赚取金钱维持生活外，我们亦需要与家人或朋友相聚，以建立稳定及亲密的人际关系。当我们的生活太偏重于某一方面时，便很容易会带来不同的问题或沉重的压力（例如情绪不稳、脾气暴躁、生活苦闷、身体健康欠佳，甚至情绪疾病等），而这些压力使我们的身体及情绪长期处于紧张的状态。这种长期紧张的状态，亦会使我们容易在生活上感到焦虑。

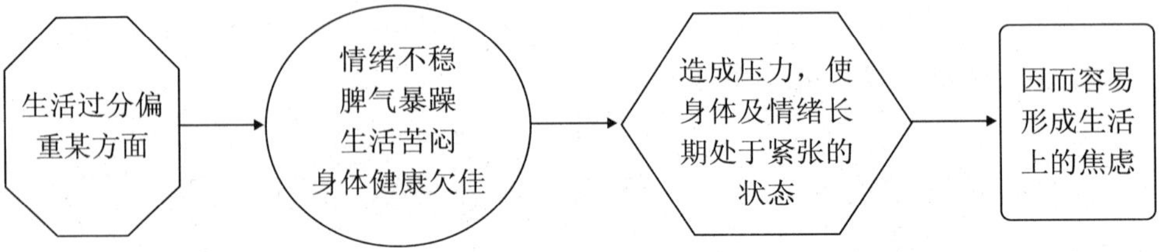

相反，如果我们的生活长期处于均衡状态之中，日常生活压力得以大大减轻，便会有富余的体力和精力去面对各种社交场合。因此在第八单元，我们会更深入讨论如何减轻日常生活的压力和建立轻松的生活模式，以减轻社交焦虑的程度。

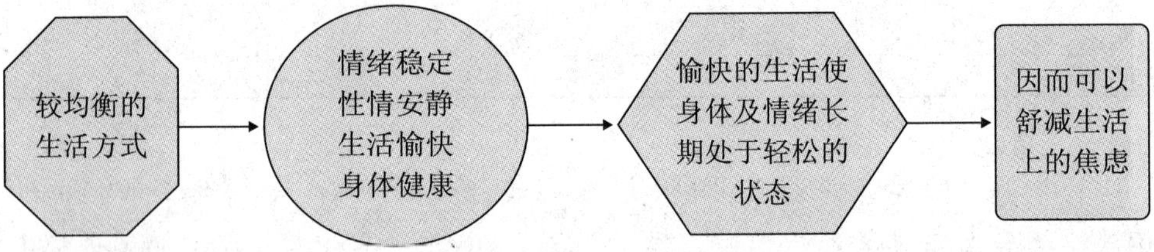

六、小结

从本篇中，我们得知，

- 在面对不同的生活压力或社交场合时，我们的思想、行为、身体及情绪都会出现一些通常的反应，而这些反应往往会使我们身处其中的情绪变得异常焦虑。
- 若要改善这种情况，我们要懂得：识别出引发焦虑的事件，分解出哪些是习以为常的负面或不良反应。
- 在众多反应中，负面思想最能影响个人的情绪，同时会带来不良的身体和行为反应。因此，若要消除泛焦虑或社交焦虑，就需要重整我们的思想模式。

在下一个单元里，我们会让你先学习如何自我分析个人的焦虑经验，待装备好自己之后，再迎接其他单元的挑战！

第三单元

情绪起伏背后的原因

单元目标

1. 希望通过本单元，让你尝试接触自己的情绪，学习如何去分析自己的情绪变化，了解自己情绪变化背后的原因。
2. 学习使用“身心思维自我分析表”来了解自己的习惯性负面及不良反应。

阿诗记事簿之
假日

在工作上，阿诗感到很大的压力，她总觉得跟同事格格不入，无法与他们轻松自然地交谈，所以除非必要，她决不会先开口跟同事说话，同事见她对人不理不睬，闲时也不会跟她聊天，以致工作上她总觉得自己孤立无援。

闲暇时，她同样很难轻松地跟人交往，阿诗的假日，往往都是躲在家中度过，她没有约会同事、朋友；就算朋友相约，她也会断然拒绝，害怕一旦答应了，那些焦虑、害怕的情绪又会向她侵袭。她越来越沮丧，害怕这辈子会长此以往下去。

阿诗也希望有自己的社交圈子，只是每当想起要跟别人相处时，便会浑身不自在，心里起疙瘩，这些现象令她不敢约会朋友或应邀赴约，但她有点不甘心："我还年轻呀，难道就这样过日子吗？"阿诗希望有些方法可以帮助自己去克服与人相处的问题："是否有些什么方法可以帮助我去改善现在的状况呢？我的生活是否可以过得好一点呢？"

一、情绪温度计

你对自己的情绪及身体状态有多少了解呢？我们希望通过“情绪温度计”这个练习：

• 让你尝试了解自己的情绪指数，并认清哪个指数是自己情绪失控的警戒线。

• 让你尝试接触自己的情绪，学习如何去评估自己的情绪变化，并了解变化背后的原因。

1. 你的情绪指数

请回顾过去一星期你的情绪状况，然后在“情绪温度计”中圈出你的平均情绪指数。(0 分代表情绪非常差，10 分代表情绪非常好)

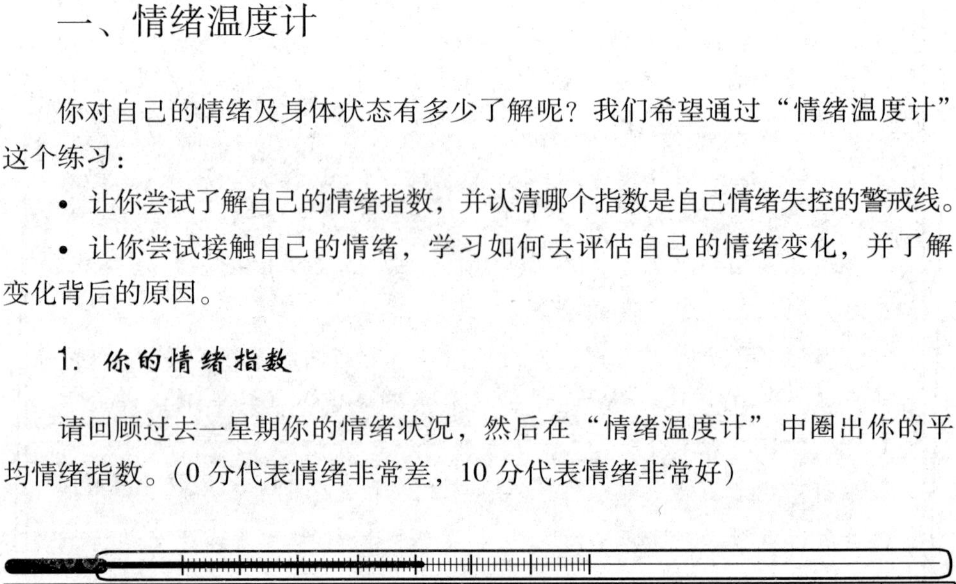

情绪温度计	0	1	2	3	4	5	6	7	8	9	10

• 评估了过去一星期的情绪指数后，你认为是什么原因导致了你有上述的情绪指数呢？

• 是你的思想、行为，还是身体变化令自己如此焦虑和不快呢？

• 你在情绪起伏时能利用这个情绪温度计来了解自己的情绪。同时，你还要问问自己：“我的情绪是否已到了失控的警戒线呢？”**即一个人的情绪降至某个指数时，再也无法控制自己的情绪，如洪水决堤一般，一发不可收拾。**

• 你或许暂时还未找到这个警戒线的情绪指标，但请多留意自己的情绪起伏，我们相信你一定能找得到。

• 如果你对“情绪温度计”尚有疑问，可参考本单元最后一节的补充资料，能够帮助你更有效地掌握这个练习。

2. 此刻的情绪指数

现在，先来做一个简单的小练习，你此刻的情绪指数是多少呢？从 0 至 10 分，你会给自己多少分呢？请在下表中圈出你的答案。

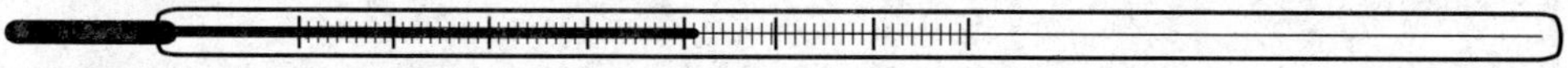

情绪温度计	0	1	2	3	4	5	6	7	8	9	10

是什么原因使你在这一刻有上述的情绪指数呢？请写下你此时的想法，我们在下一节会利用“身心思维自我分析表”去协助你增加对自己的认识。

影响你此刻情绪指数的得分是由于：______________________________

____

____

二、身心思维自我分析表

• 你要尽早找出导致你的情绪指数欠理想的背后原因，除了可协助你摆脱焦虑情绪的缠绕外，亦可避免日后重蹈覆辙以致泥足深陷。“身心思维自我分析表”可以帮助你自己找出个人情绪起伏的原因。

• 当你有更多机会利用这个表来分析自己的思想、行为、身体及情绪反应时，便会看到自己的一些习惯性的负面及不良反应。

• 身心思维自我分析表的内容，是根据你过去一星期内所发生的事情，填写几件令你在“情绪温度计”中得分较低的事情，然后加以分析。内容其实跟第二单元所学习过的十分类似，可分为：**引发事件、思想反应、身体反应、行为反应及情绪反应。**

这一环节是本书的重要部分，所以在日后的练习中仍会出现，内容将随每次主题的重点而加以调整。

1. 阿健的“身心思维自我分析表”

现在，请先看阿健的例子。

阿健记事簿之
儿子的成绩单

阿健刚下班回家，儿子便递上这学期考试的成绩单。阿健一直很关注儿子的成绩，今天见到他的成绩虽然没有退步，但亦没有进步，每学科都只是刚好合格而已，尤其是英文只得了60分。他眉头紧皱地对儿子说：“你总是不听我的话，如果你肯听我的话将看电视的时间用来读书，成绩怎会毫无进步！”儿子毫不退让地说：“其实我已经尽了力，本来我读书的资质就是这样，无论花多少时间在书本上，也不见得会有多大进步。”

阿健本来已经为儿子的成绩不开心，再听他为自己申辩，更是火上加油，愤然将成绩单用力掷落，厉声责骂起来：“自己有错还要狡辩，现在不打好基础，将来如何升读大学，上不了大学将来还会有前途吗！”阿健此时心跳又开始加速，满脸通红，肩膊绷紧。这次儿子没有反驳，任由阿健独自骂去，他只得颓然坐下，心想：“我要他读书也只是为他的将来着想，他却越大越不听话，将来肯定是不孝之子。”一旦想到以后的日子，他的心情不禁直往下沉，觉得十分沮丧和不安。太太见他呆坐着，便劝他到外面走走，阿健听从太太的劝告到附近的公园走了一圈，直到平静下来才回家吃饭。

阿健已开始学习使用“情绪温度计”和“身心思维自我分析表”来了解自己。

首先，他圈出了此刻自己的情绪指数，阿健这次的情绪指数是：2 分。

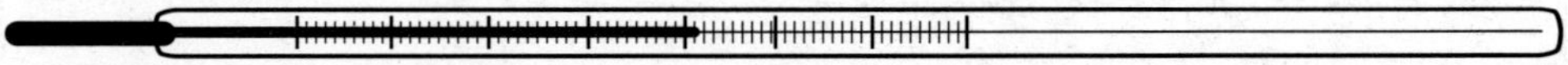

情绪温度计	0	1	②	3	4	5	6	7	8	9	10

接着，他为自己作了一次“身心思维自我分析表”，请你先替他填写，然后再看看他写下的答案。

阿健的“身心思维自我分析表”

引发事件（一）：________________________________

____

思想反应：________________________________

身体反应：________________________________

行为反应：________________________________

情绪反应：________________________________

他如何处理：________________________________

____

▼下面是阿健的答案：

阿健的“身心思维自我分析表”

引发事件（一）：儿子考试的成绩不理想。
思想反应：他觉得儿子越大越不听话，以后肯定会变成不孝之子。
身体反应：心跳开始加速，满脸通红，肩膊绷紧。
行为反应：愤然将成绩单用力掷落，厉声责骂儿子。
情绪反应：心情直往下沉，觉得十分沮丧和不安。
他如何处理：听从太太的劝告到附近的公园走了一圈，直到平静下来才回家吃饭。

2. 你的“身心思维自我分析表”

现在，请你回想过去一星期有哪些生活情境曾令你产生焦虑，然后选取其中三项使你最焦虑的事件写在下面。若一时间想不起来，可以翻阅第二单元的“焦虑排行榜”，参考榜上名单，看看是否有类似的事件在这个星期发生过。

过去一个星期，你的“情绪温度计”平均指数：______

你的“身心思维自我分析表”

引发事件（一）：______
思想反应：______
身体反应：______
行为反应：______
情绪反应：______
你如何处理：______

（如对填写这部分有疑问，可以参考第二单元的第一节至第三节，看看是否对你有所帮助。）

引发事件（二）：____

____

思想反应：____

身体反应：____

行为反应：____

情绪反应：____

你如何处理：____

____

引发事件（三）：____

____

思想反应：____

身体反应：____

行为反应：____

情绪反应：____

你如何处理：____

____

＊情绪词汇

为了协助你更容易说出自己的感受，下面归纳了一些形容情绪的词汇，希望有助于你的表达。

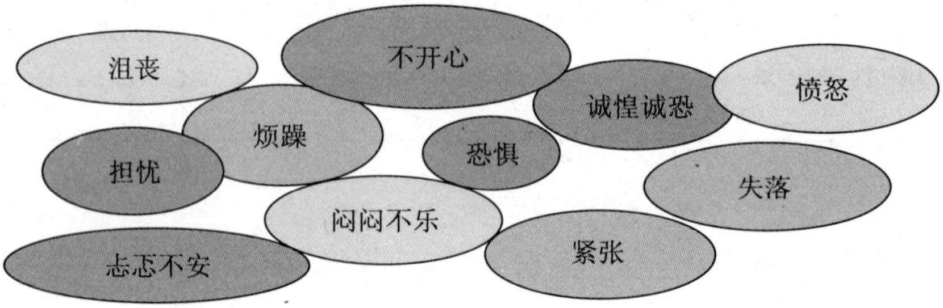

三、轻松行动表

记得吗？在第二单元中，我们曾经提过，要克服日常生活上的焦虑，除了改变自己的思想，亦要建立一个积极及均衡的生活方式，不要让日常的生活压力把你压垮了，如果不从繁杂的生活压力下稍微放松和释放自己，就会让自己终日陷于负面的思想及情绪之中！所以，在本环节，你要花些时间去寻找一些让自己放松的活动。在未来的几个星期中，请尝试找机会做一些令自己舒服、轻松的事情。现在，就让大家先来做一个练习吧！

下面有一个“轻松行动表”，请你先设计十项能让你放松自己的活动。不同的活动可带来不同程度的松弛，有些可能会让你全面放松（如到欧洲旅行一个月），有些则稍微放松一点点（如周末到海滩游水）；另外，有些活动会比较容易完成，有些要达成的机会可能较低。但不要紧，你可以先写下来：今天难办到，不表示明天办不到！

在左栏中请你填上活动内容，右栏则填上能完成该项目的信心指数（以百分比表示）。下面是阿诗的例子。

1. 阿诗的“轻松行动表”

阿诗希望改善自己的生活品质，更希望为自己的生活多添乐趣及扩展自己的生活圈子，她参考了别人的意见后，为自己制定了以下的轻松行动表，可供大家作参考之用。

		活动项目	完成活动的信心指数
完全放松	10	与朋友一起去国外旅行	5%
	9	与朋友一起在本地旅行	10%
	8	参加公司的周年晚宴	20%
	7	约几位朋友去吃饭	30%
	6	约两位朋友看电影	40%
	5	约两位朋友听音乐会	50%
	4	约一位朋友喝咖啡	60%
	3	约一位朋友听音乐会	70%
	2	假日时自己外出喝咖啡	80%
短暂放松	1	假日时自己外出逛街	90%

阿诗除了制定上述的行动表，还为自己定下实践的具体计划，她选取最有信心完成的一项作为未来一星期的行动目标。

活动：星期日到附近的商场逛逛，然后再到公园去散步。	
日期：2009 年 5 月 6 日	时间：下午 3 点

2. 你的“轻松行动表”

现在轮到你了！不用急，慢慢想清楚再填写，即使多花点儿时间也不要紧。

轻松行动表

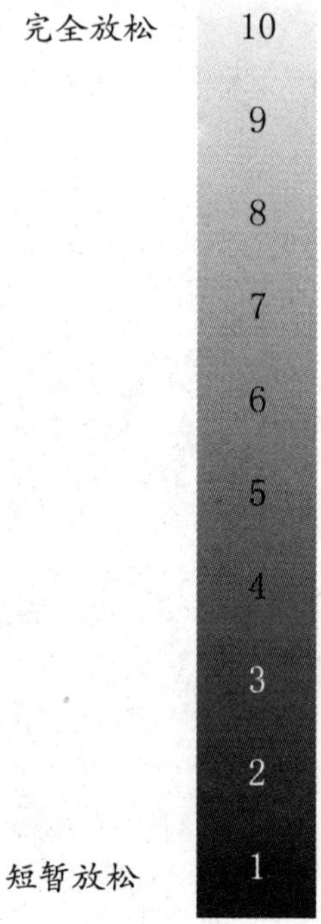

活动项目	完成活动的信心指数

现在想一想：在未来一星期内，你打算完成上表的哪一项活动呢？

活动：	
日期：	时间：

但愿你下星期打开这本手册时，已完成上述的活动！

四、小结

• 影响情绪的因素可分为环境因素及个人因素，如果个人因素有所改变（例如将你的某些负面的思想变为正面的思想），你认为上星期的情绪指数是否会有所改变呢?

• 我们较容易控制个人因素而较难控制环境因素。所谓舍难取易，想要改善情绪，我们最好学习如何掌握及改变个人因素，懂得如何适应环境因素。

• 从下一个单元开始，我们就会开始学习如何改变个人因素，尤其是作出思想方面的转变!

补充资料

“情绪温度计”了解多一点

“情绪温度计”这个技巧主要是协助你了解此时此刻的焦虑状况，以及会导致这种情绪状态的因素。通过情绪温度计的练习，你可以警觉到自己的情绪变化。焦虑情绪的指数一般由 0 至 10 分，0 分代表情绪非常差，10 分代表非常好。

除此之外，情绪温度计还有其他用途，通过情绪温度计的练习，你可检视一下自己在过去一星期的焦虑状态。如有任何改变，你可以回想之前的种种环境及个人的行为或思维因素，并探讨这些因素如何影响你的情绪变化。当情绪改变是正面的时候，你可以继续保持这些适当的行为及想法；但倘若你的情绪改变是负面的话，你要思考在未来一星期里，怎样提升自己的正面情绪。

再者，从这个温度探测中，你可以尝试找出自己的焦虑情绪警戒线。所谓“情绪警戒线”是指焦虑情绪失控的决口。当你察觉到自己的情绪临近这个决口时，便要立即提醒自己去做一些事情（例如深呼吸，放松自己）或停止做某些负面行为（例如持续用力紧握水杯）。当然，你未必能在短时间内找到这条警戒线。但不要紧，你只要多练习，并要时常向自己提问：“我焦虑的情绪指数到了哪个分数便会开始失控呢?”

第四单元

思想陷阱与情绪的关系

单元目标

1. 通过本单元，让你认识及分辨思想反应中的思想陷阱。
2. 认识思想陷阱如何影响及困扰我们的情绪。

为了配合这个单元的主题，请再重温一次阿诗参加老同学聚餐时的场景。

阿诗记事簿之
老同学聚会

抵达时，聚餐的时间已差不多，但阿诗还到附近的商场转了几个圈，拖延至最后一秒才步入会场。会场内见到很多校友正在彼此寒暄，正踌躇着往哪边走，眼角瞥见远处一位女士正在上下打量她，阿诗的身体一下子就僵硬起来，心想："今天自己的样子太憔悴了，加上这身衣着也确实太土，她肯定是在讥笑我。"她随手从桌上拿起一杯饮品并牢牢地捧在双手里，她害怕自己会出什么洋相，心里紧张又忐忑，所以差不多将全身的力气都放在双手上。不料她越想平稳地拿着水杯，双手却颤抖得越厉害，甚至连饮料也抖了出来，洒了一身，阿诗顿时窘得满脸通红，觉得全世界的眼睛都望向她。"哎呀，我就是这样什么事也做不好，他们都在交头接耳，必定在议论我的丑态。"她慌张得也不用手去拭干弄湿了的衣服，怕身体稍动会更加惹人注意，而心里头就像系了千百块石头，直往下沉。

一位以前跟她要好的同学上前跟她打招呼，她不但没有响应，也不敢看着同学，心慌得跳个不停，同学见她不理睬自己也就快快然地走开。阿诗心里委屈地想："唉，我真不该来，我这样笨手笨脚，来这里只会出丑，自暴其短，连最好的同学也不留下来陪我。从此，她不会再瞧得起我。"她感到羞愧、焦虑不安，惶惶然不知所措，趁着还未正式入席便悄然离去了。

"究竟我怎么了?"阿诗一边坐车回家，一边在想："为什么我样样不如人！为什么上天如此不公平!"

一、一周检查

在未开始进入本单元的练习前，先想问问你：过去的一星期里，你是否完成了一项让自己轻松的行动呢？请根据你的个人经验填写下表。

行动内容：	
你“有”完成这项活动	你“没有”完成这项活动
你的感觉如何：________ ________ 是否可短暂减低你的焦虑：是／否 原因：________ ________ ________	没有完成的原因：________ ________ ________ ________ ________ ________

二、思想反应

所谓“思想反应”是我们对事物的一些判断及看法。这些“反应”自幼受到家庭（家人的处事方式、对自己的评价）、社交生活及社会气氛所影响，并逐渐累积而成。例如，

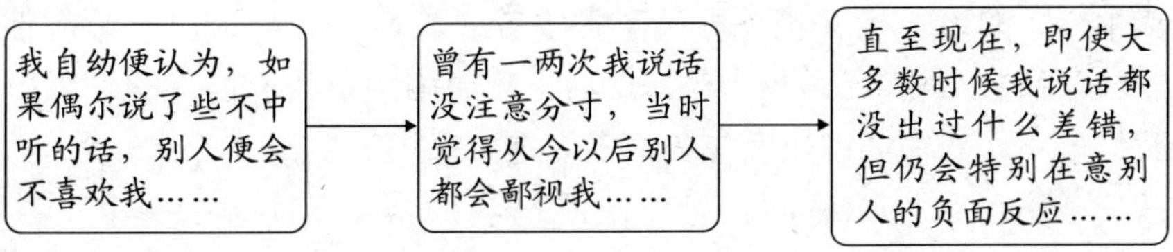

这么多年来建立的思想反应，使我们在面对生活中某些情境时便不自觉地浮现出来，并影响到我们的判断。这些判断有时合情合理，但有时却只反映片面、不准确的现实。然而，只要通过自我反省，我们仍可以重新建立和学习一些正面、良好的思想反应。

当我觉得自己说话没有分寸，其他人便会一直鄙视我时，我应该先停下来反问自己："这种想法是否真实呢？它跟现实相符吗？"然后再尝试找出事情的真相。

但要做到这一点却并不容易，大家或会认为"当局者迷"，很难实时觉察自己的想法，平复自己的情绪。因此，我们必须循序渐进，首先应当

- 留意自己的情绪起伏（可先用情绪温度计来探探热！）。
- 了解自己的思想形态。

三、思想陷阱

说到陷阱，当然是一些不好的东西。简单来说，思想陷阱就是一个地洞，它是由你的惯有思想挖掘而成。若你不留神或不小心，不自觉地以惯常的一些负面或不良思维方式去判断某些人和事，那么，你就会跌进自己的思想陷阱之中。请看以下的例子：

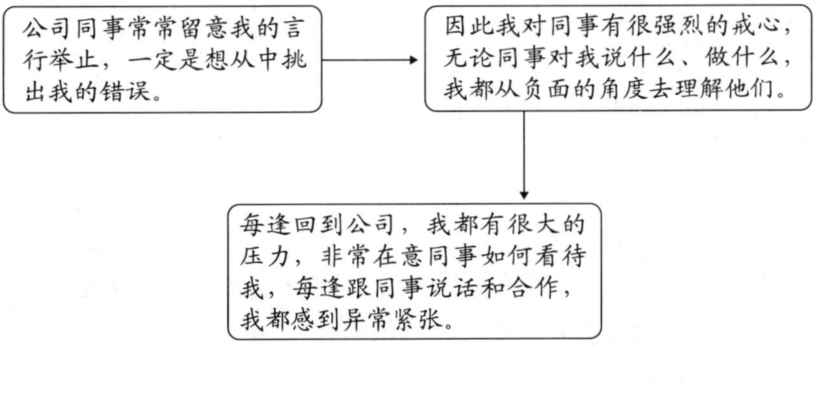

这个例子的第一环节“公司同事常常留意我的言行举止，一定是想从中挑出我的错误”，其实已是一个思想陷阱。思想陷阱由我们惯有的思想衍生而成，我们若不改变这类思想反应，便不能走出思想陷阱。

从这个例子我们亦看到，思想陷阱与我们情绪的关系——由于一开始“我”的即时想法已经是“负面”，很自然亦带出一连串的担忧和紧张，摆脱不了负面情绪的困扰。

其实，我们在理性上都明白，在大多数情况下，同事望我们一两眼、向我们做一两个动作表情，是每一天都会发生的事情，并不一定就怀有恶意；但每当我们遇上这些情况时，却总是不由自主地作出负面和片面的判断，结果慢慢堕入恶性循环之中。**如果我们不改变这种思想习惯、跳出思想陷阱，我们便不可能脱离负面情绪的困扰。**

请再看以下例子：

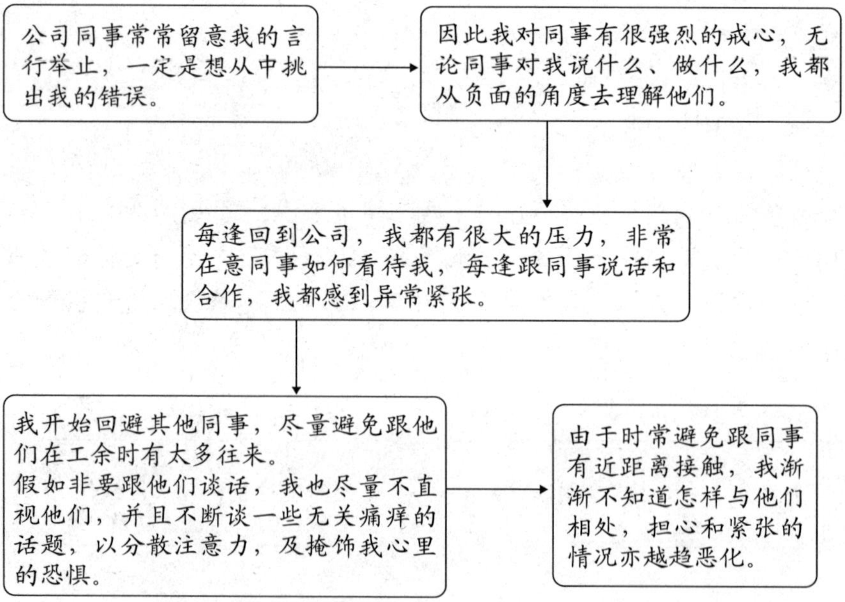

从这个例子，我们知道思想反应里的思想陷阱，除了会引致负面情绪外，还会带来负面的行为反应，这包括了第二节中我们提及过的**逃避行为**（在工余时间，“我”逃避跟同事接触）和**保护行为**（“我”与同事谈话时，不与他

们作眼神接触，并只谈一些无聊话题）。

这些负面的行为反应，亦反过来使“我”的焦虑越来越严重，形成一个恶性循环；从这个例子我们清楚地看到：**这个恶性循环始于思想陷阱。**

既然思想陷阱在焦虑情绪中扮演一个如此重要的角色，或者我们现在该问：**究竟在我们思维中有哪些类型的思想陷阱呢？**

四、思想陷阱的类型

思想陷阱会以很多不同的形态，在不同的场景中出现，但为了更清晰，我们将它们分为以下九个类型：

- 归咎于己
- 非黑即白
- 大难临头
- 妄下判断
- 贬低成功经验
- 怨天尤人
- 感情用事
- 否定自己　（自怨自艾）
- 左思右想

你对上述的思想陷阱有多少认识呢？现在，先考考你对这些类型的理解吧！以下是其中的一组例子：

- 如果我在别人面前说错话，别人便**一定**不会喜欢我。
- 如果考不到一个学位，全家人都不会再理睬我、疼惜我。
- 我现在没有工作，他们**一定**看不起我，**一定**不会跟我做朋友。

上述例句应归类为：**非黑即白**

非黑即白即“绝对化”思想，其意思是有些人看事情只有一个绝对的结果，不可能存在其他可能性。换句话说，这些人对事情的看法只有“是”与

“不是”，“错”与“对”，中间没有灰色地带。

现在，由你尝试填写。以下有八组句子，每一组句子都至少涉及上述其中一种的思想陷阱的类型（但请记住，每个例子都可能有多于一种类型的思想陷阱）。当你作完这个练习后，我们会为你作出解答。

第一组

• 我真的该死，朋友遇上车祸都是我的罪过，要不是我约他出来，这个事情便不会发生，我害他受伤，现在还躺在医院里。

• 都是我不好，一早送错文件惹得老板生气，连累所有的同事都要挨骂，难怪他们对我不理不睬。

• 家人腹泻都是我连累的，要不是我提议上那个菜馆吃晚餐，就不会害得他们食物中毒，拉肚子，还要入医院。

上述例句应归类为：____________________

第二组

• 我写的计划书只是一般而已，他们称赞我只不过是礼貌上的客套话！

• 今天宴会成功主要是节目安排精彩，我只是负责布置场地，所以没有什么功劳可言。

• 同乐日举办得成功，全因为天公造美，当天的天气非常好。要不是好天气加上同学帮忙，我再多努力也是徒然。

上述例句应归类为：____________________

第三组

• 他用这种眼神看我，一定是我刚才的工作令他十分不满意，看来他下一步就会向主管投诉，接着主管会向我大发雷霆，显然这次又要遭殃了。

• 刚才不慎弄破了同事的水杯，这是她男朋友送的，她肯定会很愤怒，还不知会怎样报复呢。

• 老板近来好像对我诸多挑剔，一定是对我的工作不满意，想找借口辞掉我，我没有任何积蓄，日后的生活怎么办呢？

上述例句应归类为：____________________

第四组

- 事情一遇到阻滞就不自觉地认为："我多努力也是徒劳无功，何必强求呢，无论怎样我也不会做得好。"
- 事情还未开始便退缩："我想，我还是办不到，我哪有这个能力！"
- 事情稍为出了小问题就觉得："我多不中用，永远都是一个失败者！"

上述例句应归类为：____________________

第五组

- 这位医生看来很年轻，不用说，经验有限，也不会对我的病有多大帮助。
- 每个人都好像谈得兴高采烈，却没有一位走过来跟我打招呼，看来他们都不希望我在这个场合出现。
- 餐厅的老板跟其他客人有说有笑，但对我却好像不大理睬，分明看不起我。

上述例句应归类为：____________________

第六组

- 今晚是否应去参加同事的聚餐呢？如果我去，同事会怎样看我？如果我不去，同事又会如何看我呢？去还是不去呢？
- 明天要由我负责作工作汇报，开始时应该先多谢同事合作，还是应该先报告工作进度？如果先多谢同事，老板会不会误会我在拉拢同事？如果先作工作汇报，同事会不会以为我独领功劳？
- 我应该坐在现在这个位置上还是换个位置比较好呢？坐在这里是否太显眼，别人以为我在出风头？但如果现在起身换个位置，别人又是否会觉得我想惹人注意？

上述例句应归类为：____________________

第七组

- 今天的心情已经不在状态了，如果应邀赴约，会令心情变得更坏。
- 我不是不想参与朋友的喜宴，但我确实觉得心里不舒畅，所以还是不出席为佳。

• 一早起来已经觉得心情欠佳，好像样样事情都不顺畅，所以今天请不要跟我谈任何事。

上述例句应归类为：____________________

第八组

• 这场球赛我已经尽了全力，但队友多次失误，裁判又偏袒对方，令我们输掉奖牌，真的倒霉。

• 若不是出门时妈妈唠唠叨叨，我便不会误了一班车，也不会害得我考试迟到，成绩滑落。

• 我通宵达旦做的这份计划书老板也不懂得欣赏，他的脑袋真的有点问题，遇到这样的老板真是糟透了。

上述例句应归类为：____________________

▼你们已经填写妥当，对吗？下面，就请对照我们的答案。

第一组　归咎于己

即“个人化”思想。每当出现问题时，有这种思维的人往往把责任归咎于自己身上，并认为是自己的错。

这组例句说明无论发生什么事情，在没有分析事件的始末前，当事人总会先责难自己：

• 因为朋友赴“自己”的约会而遇上车祸，便将所有的责任归咎于自己身上，而不去理会车祸的发生究竟是行人还是司机的问题；或是还有其他的原因。当事人只懂得内疚。

• 同事挨骂归咎于“自己”送错文件，没有想过同事本身犯错才会招致老板的责骂。此外，也把同事的不理睬合理化，认为是由于自己做得不够好。

• 认为“自己”提议上那个菜馆吃晚餐才导致家人腹泻，是自己害得他们食物中毒。不考虑当时其他人也赞同这个提议，而且保证食物清洁也应该是菜馆的责任。

长时期把问题归咎于自己身上的人，又怎么会感到快乐和平安呢？

第二组　贬低成功经验

这些人总把成功的经验归因于别人的身上，认为不是自己的功劳；或是觉得自己的成绩只是侥幸，没有什么大不了，没有体验为是自己的努力。

这组例句说明我们不懂得欣赏自己的努力：

- 不懂得欣赏自己写的计划书，反而觉得他人赞赏只不过是礼貌上的客套话。
- 忽略了场地布置也是成功宴会的元素之一，却将功劳统统归因于安排节目的工作人员身上，没有体会到自己也是成功要素的一分子。
- 觉得若不是当天风和日丽以及得到同学的帮忙，就算自己多努力，同乐日也不会办得成功。当事人体验不到成功背后也有自己的努力和付出。

这些人忽视自己成功的经验，使自己无法建立自信心。

第三组　大难临头

把事情的严重程度扩大，推至“灾难性”的地步。

这组例句说明我们在碰到一些不如意的事情发生或遇到某些阻滞时，第一个念头都会倾向往坏的一方去想，并且往往推想出夸大而严重的后果：

- 瞥见别人望向自己，第一个念头就推想是自己的工作令对方不满意，再扩大至主管会向他大发雷霆，自己又要遭殃的灾难场面。
- 不慎弄破了同事的水杯本来不是什么大过失，但当事人马上联想到同事会很愤怒，甚至会进行报复，把事情的后果无限扩大。
- 觉得老板对自己诸多挑剔，当时想到是因为想找借口辞退自己，更担忧以后的生活会变得很坎坷。

这些人会把日常平凡的经历或问题推想到极端严重的情况，使他们的人生充满着惶恐、焦虑和绝望。

第四组　否定自己

这些人不断向自己说负面的话，以致意志消沉。

这组例句说明我们习惯性地产生负面的思想：

- 遇上阻滞就会觉得无论多努力都会徒劳无功，自己不会把事情做好。
- 事情刚开始便打退堂鼓，觉得自己没有这个能力，什么事也办不到！

• 只要事情出了一个小小的问题，便不问根由，归咎于自己的失败！

这些人在面对问题时表现得无能为力，事事都不能解决，总觉得自己不中用，经常将自己的信心及意志彻底磨灭。

第五组　妄下判断

在没有什么理由的情况下，把事情的结果推断为负面。

这组例句说明我们在没有细心考虑原因前便会为事情下定论：

• 单凭外表便对某类型的医生失却信心，认为他们没有能力医治自己的病。

• 单看表象，就凭自己的猜测来判断他人不希望自己在这个场合出现。

• 见到餐厅的老板跟其他客人有说有笑，就武断地认为老板看不起自己所以没有跟自己打招呼。当事人没有去考虑其他原因，例如其他人是熟客，而自己只不过只到过这餐厅一两次。

这些人的思想可能很偏激，以致无法看清事实的全部。因此，负面的思想反应往往令当事人产生焦虑、气愤和不安等情绪。

第六组　左思右想

面对事情不够果断，犹豫不决。

这组例句说明有些人做事优柔寡断，无论大事小事都可能花上好长一段时间去思量和考虑：

• 是否去参加同事的聚餐也会惹来当事人一连串的烦恼，十分在意同事的看法，思绪不断徘徊于去与不去之间。

• 工作汇报时，单是内容的编排也会花上好长的时间，既怕得罪同事，又怕老板误会。反反复复思量，以致心绪烦乱。

• 就是选择座位的位置这样简单的事也会引来很多联想，不停揣测着旁人对自己的目光。

这些人每下一个决定都要花很长的时间，以致拖慢了事情的进度，无形中对自己造成了很大的压力，打击了自己的自信心和能力。

第七组　感情用事

根据感觉作判断或结论，忽略事情的客观事实。

这组例句说明有些人以情绪为主导：

- 因为自己的心情不在状态便拒绝赴约，不理会他人的感受。
- 是否出席朋友的喜宴，只考虑自己的情绪如何，没有考虑其他的因素。
- 只因为自己觉得心情欠佳、不顺畅，就不跟别人谈任何事，全不去理会事情的轻重。

这些人让负面情绪做了自己的主人，由波动的情绪牵着自己走，直接影响了自己的判断力及行为表现，也影响了与他人的关系。

第八组　怨天尤人

推卸责任，凡事归咎他人或埋怨上天。

这组例句说明有些人遇到问题时不会积极面对，只会抱怨他人。

- 输掉球赛是因为队友的失误、裁判偏袒对方，而不关自己的事，因为自己已经尽了全力。
- 我考试迟到导致成绩滑落，是因为出门前妈妈的唠叨，而不是平时自己不够努力。
- 老板不接纳我通宵达旦做的计划书，是老板差劲不懂得欣赏，自己做的计划书没有问题。

这些人因为将问题全部放在他人身上，只感到自己的无辜或不幸，从而失去了寻求解决问题的动机。

五、思想陷阱与情绪

无论是什么类型的思想陷阱，一旦跌入陷阱，我们的情绪自然地就会受到牵连，令情绪起伏不定。若你能认清自己的思想陷阱，不让自己那么容易跌进陷阱，你在压力下的焦虑情绪便可以得到改善。

以“阿诗记事簿之老同学聚会”为例，她脑海里不时出现一些不同类型的思想陷阱，每一次跌进陷阱，她的情绪便受到影响。

为测试你对思想陷阱有多少理解，请依据下面的例子，先写下你认为出现在阿诗身上的思想陷阱类型，以及这些陷阱与焦虑情绪的关系。若你一时未能回答，不要紧，我们随即会告诉你答案。

1. 阿诗的思想陷阱

想法一："今天自己的样子太憔悴了，加上这身衣着也确实太土，她肯定是在讥笑我。"

思想陷阱类型：________________

与情绪的关系：________________

____

____

我们的见解

思想陷阱类型：**妄下判断**

与情绪的关系：阿诗瞥见别人看着她便认为这人是在讥笑自己的样子及衣着，这属于妄下判断的思想陷阱。她没有引证别人是否真的看着她，也没有思考其他原因，就为事情下了定论，把结果推断为负面，当然会令自己的情绪低落。

想法二："我就是这样什么事也做不好，他们都在交头接耳，一定在议论我的丑态。"

思想陷阱类型：________________

与情绪的关系：________________

____

____

我们的见解

思想陷阱类型：**妄下判断**

与情绪的关系：阿诗见到别人在交头接耳，就判断为他们在议论自己，这种单凭自己的直觉而没有考虑其他可能因素的想法，若判断出了误差，会使自己和别人都感到沮丧和不开心。

想法三：“唉，我真不该来，我这样笨手笨脚，来这里只会出丑，自暴其短，弄得连最好的同学也不留下来陪我。从此，她不会再瞧得起我。”

思想陷阱类型：____________________

与情绪的关系：____________________

____

____

我们的见解

思想陷阱类型：**否定自己**

与情绪的关系：阿诗在没有依据下不断向自己发出负面的信息，觉得：自己笨手笨脚、自暴其短、朋友再瞧不起她等。这种想法不只令她的自尊心受损，亦令她的意志极度消沉。

想法四：“为什么我如此倒霉！可能我样子不出众，才被同学瞧不起，有困难也不帮我一把！”

思想陷阱类型：________________________________

与情绪的关系：________________________________

____

____

我们的见解

思想陷阱类型：**怨天尤人**

与情绪的关系：阿诗怀着“因为自己的样子不出众，所以才被同学瞧不起”的心态，她既然觉得样子是上天的赐予，自己当然没有改变的能力，唯有怨恨同学对她的态度。这种怨天尤人的想法令她失去改变现状的动力，亦让她长期处于一个受害者的角色之中。

以上的这些思想陷阱，使阿诗在不同的生活情境下往往得不到安宁，情绪长期陷入焦虑与不安中。

六、练习：思想陷阱与情绪

1. 阿健记事簿

上面已分析过阿诗的个案。现在，请翻阅第一单元里阿健的个案，分析其中包含了哪些思想陷阱，以加强你对思想陷阱与情绪的了解。参考答案就在此练习之后。

想法一：“为什么会不断地问相同的问题？我不是已经回答得很清楚了吗？肯定是她故意为难我，希望我失掉这份工作。”

思想陷阱类型：________________________________

与情绪的关系：________________________________

____

____

想法二："为何还不好好温习！还有两天便考试，你仍在看电视，你就是这样不听话，是不是想气死我！"

思想陷阱类型：________________________________

与情绪的关系：________________________________

____

____

想法三："怎么可能会发生这样的事？这样子别人还会信任我吗？我也休想以后有升职的机会了！"

思想陷阱类型：________________________________

与情绪的关系：________________________________

____

____

▼练习答案：阿健记事簿

想法一："为什么会不断地问相同的问题？我不是已经回答得很清楚了吗？肯定是她故意为难我，希望我失掉这份工作。"

思想陷阱类型：妄下判断

与情绪的关系：阿健没有考虑过有些老人接收信息的能力比年轻人慢，或者性格比较稳重，所以很多时候会重复问相同的问题；他一下子就推想到是别人故意为难他，甚至是想害他失掉工作。无疑在这件事上，他太过于妄下判断，让自己无端陷入惶恐不安之中。

想法二："为何还不好好温习！还有两天便考试，你仍在看电视，你就是这样不听话，是不是想气死我！"

思想陷阱类型：非黑即白

与情绪的关系：阿健把儿子有没有温习作为是否听话的标准：温习就是听话，没有温习就是不听话，这种简单的二分法，即非黑即白的思维方式，导致他与儿子的关系紧张，情绪也因而不时受到冲击。

想法三："怎么可能会发生这样的事？这样子别人还会信任我吗？我也休想以后有升职的机会了！"

思想陷阱类型：否定自己

与情绪的关系：事情还未有结果，阿健已先行否定自己，觉得别人会因此而不再信任他，甚至会失去以后的升职机会。阿健这种思维方式定会为他带来很多负面情绪，工作稍微不如意便会意志消沉。

2. 自省练习

请以上述的方式，写下在过去两个星期中，你曾于不同的生活情境中跌进过的思想陷阱，并分析它们与焦虑情绪的关系。（如果一时之间想不起，可参考第二单元的“焦虑排行榜”，看看自己在这两星期内，是否遇上排行榜上的生活情境。）

事件一

你当时的想法：______________________________

____

思想陷阱类型：______________________________

与情绪的关系：______________________________

____

____

事件二

你当时的想法：______________________________

____

思想陷阱类型：______________________________

与情绪的关系：______________________________

____

____

七、“情绪温度计”与“身心思维自我分析表”

1. 情绪温度计：过去一星期的平均“情绪指数”

请圈出你认为最恰当的分数：0 分代表情绪非常差，10 分代表情绪非常好。

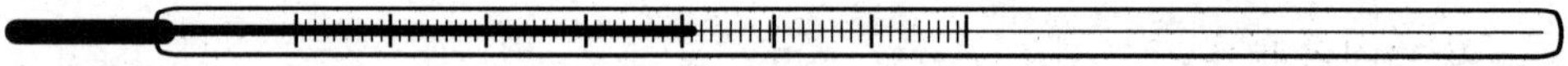

情绪温度计	0	1	2	3	4	5	6	7	8	9	10

2. 身心思维自我分析表

现在，你也可以尝试运用“身心思维自我分析表”来剖析自己的思想状态，了解你的思想反应隐藏着哪一类的思想陷阱？它是否影响到你的情绪起伏？

请写下两项在过去儿星期中影响你情绪指数低落的事情：

身心思维自我分析表

引发事件（一）：____________________

____

身体反应：____________________

行为反应：____________________

情绪反应：____________________

当时的想法：____________________

____

你觉得当时的想法属于哪一类思想陷阱（可能多于一类）：__________

你确信自己跌进上述的陷阱中。请圈出你的同意程度有多大：

十分同意	同意	一般	不同意	十分不同意

这一思想陷阱导致你产生焦虑。请圈出这对你影响的程度有多大：

十分大	大	一般	一点儿	一点儿影响也没有

引发事件（二）：______________________________

____

身体反应：______________________________

行为反应：______________________________

情绪反应：______________________________

当时的想法：______________________________

____

你觉得当时的想法属于那一类思想陷阱（可能多于一类）：______________

你确信自己跌进上述的陷阱中。请圈出你的同意程度有多大：

十分同意	同意	一般	不同意	十分不同意

这一思想陷阱导致你产生焦虑。请圈出这对你影响的程度有多大：

十分大	大	一般	一点儿	一点儿影响也没有

八、轻松行动表

又到“轻松行动表”这个环节，这个星期你打算去寻找哪些能让自己放松的事情呢？快完成以下练习吧！

轻松行动表

在未来一星期内，你打算完成哪一项放松心情的行动呢？

活动：	
日期：	时间：

预祝你的行动成功！

九、小结

• 我们平日较少留意到自己在焦虑时所出现的身体变化、行为反应以及思想反应等。若个人的想法对焦虑情绪有重要的影响，我们便先要了解自己惯常的想法，才可以调适及改善焦虑的情绪。

- 当跌入思想陷阱的时候，我们的身体、行为及情绪上通常都会产生变化；因此，我们要随时随地留意自己的身体有没有响起任何警告信号？是否已经跌入某些思想陷阱却浑然不知？
- 身体警告信号对我们了解自己的情绪状况是一个很重要的指标，这一点我们将在下一个单元中再作详尽的分析。

第五单元

如何运用“五常法”走出思想陷阱

单元目标

完成本单元之后，你将

1. 掌握怎样用“脑袋停一停”方法，避免自己跌入思想陷阱。
2. 运用“五常法”，帮助自己建立新思维，并走出思想陷阱。

阿诗记事簿之赴约
（焦虑篇）

阿诗一位中学时的死党南茜从加拿大回港探亲，相约阿诗到所住宿的酒店叙旧。接过南茜的电话后，她并没有半点兴奋的感觉，反而脑海浮现出一个念头：“南茜一向都聪明伶俐，谈吐得体。我俩多年没见面，她已经是一位成功的专业人士，而我却越来越追不上时代，不只说话乏味，样子也变得很土，跟她一起，更加相形见绌。”纵使阿诗有千般不愿意，无奈与死党多年不见，经不起她又哄又骂便勉强答应下来。

抵达酒店大堂，在等候的时候已开始觉得烦躁不安，加上瞥见屏风上镜子里的自己，瞬间便全身绷紧起来，心跳加速，手心不断冒汗，心想：“一会儿南茜见到我现在的模样，一定会吓一跳，我何苦到这里丢人现眼呢！”最后，她匆匆走出酒店，乘出租车返回家中。

一、一周检查

在未开始进入本单元的练习前，首先问问你自己：过去的一星期里，你是否完成一项让自己轻松的行动呢？请根据你的个人经验填写下表：

行动内容：	
你“有”完成这项活动	你“没有”完成这项活动
你的感觉如何：______________________ ______________________ 是否可短暂减低你的焦虑：是／否 原因：______________________ ______________________ ______________________	没有完成的原因：______________________ ______________________ ______________________ ______________________ ______________________ ______________________

二、阿诗与阿健的转变

我们希望通过下面的练习，让你看到阿诗与阿健在本星期有什么改变，这些改变对他们有什么影响？

1. 阿诗记事簿之赴约

请根据阿诗记事簿之赴约（焦虑篇）来回答下列问题。

引发事件：阿诗一位中学时的死党从加拿大回港，相约阿诗到她所住宿的酒店叙旧。	
抵达酒店大堂时，她的“心情”怎样？	
她当时有什么“身体反应”？	
她后来有什么“行为反应”？	

阿诗当时有过两个想法，你觉得这些想法是属于哪一类型的思想陷阱呢？

阿诗的想法	思想陷阱的类型
（1）“……而我却越来越追不上时代，不只说话乏味，样子也变得很土，跟她一起，更加相形见绌。”	
（2）“一会儿南茜见到我现在的模样，一定会吓一跳，我何苦到这里丢人现眼呢！”	

▼现在，让我们将答案告诉你，看看是否与你写下的相同。

引发事件：阿诗一位中学时的死党从加拿大回港，相约阿诗到她所住宿的酒店叙旧。	
抵达酒店大堂时，她的“心情”怎样？	阿诗感到烦躁不安。
她当时有什么“身体反应”？	全身绷紧，心跳加速，手心不断冒汗。
她后来有什么“行为反应”？	乘出租车回家去（逃避行为）。

阿诗当时有两个想法，它们分别属于以下的思想陷阱：

阿诗的想法	思想陷阱的类型
(1)“……而我却越来越追不上时代，不只说话乏味，样子也变得很土，跟她一起，更加相形见绌。”	否定自己
(2)“一会儿南茜见到我现在的模样，一定会吓一跳，我何苦到这里丢人现眼呢！”	妄下判断

从上述答案的分析，我们理解到阿诗的生活并不轻松愉快。所幸阿诗希望生活有所改变，不希望自己永远被焦虑与不安的情绪所困扰；所以，虽然同样出现了思想陷阱，但阿诗这次学会了用另一个角度看事物，处理的手法亦不同。现在请你继续看看她如何积极地面对这次的约会。

阿诗记事簿之赴约
（松弛篇）

阿诗抵达酒店大堂，在等候时已开始觉得烦躁不安，加上瞥见屏风上镜子里的自己，瞬间便全身绷紧起来，心跳加速，手心不断冒汗，她立即对自己说：“阿诗，你要冷静下来！”她用力地深呼吸数下，慢慢地开始觉得精神有点松弛下来，便继续对自己说：“不要再胡思乱想了，朋友多年不见，有机会相聚，高兴还来不及呢。而且，她如果嫌弃我，也不会约我见面啦。”话虽如此，但她的情绪还未能完全平静下来，她毅然走到酒店的洗手间用冷水洗脸，然后对自己说：“如果到时她对我冷言冷语的话，顶多下次不去赴约。犯不着现在未见面就先行离去，这样反而会惹人笑话。”这时，她整个人似乎松弛下来，整理一下衣妆，便前往大堂看看南茜是否已经到来。

阿诗学习了从另一个角度看事物，虽然同样出现上述烦躁不安的心情，以及相同的身体反应，但已大大减轻了先前的焦虑心情，并学会以正面的态度去面对问题。

2. 阿健记事簿之推介会

阿健记事簿之推介会
（焦虑篇）

阿健需要到客户的公司推介一个保险计划，他花了整整一个多星期来准备这个推广计划，务求使这次推广做得完美无瑕。期间，他常在晚上彩排讲词，但每次彩排他总觉得自己的表现不太理想，并想象这份保险计划会由于自己的表现而不获得客户接受。他心想：“无论我用何种方式表达，总有让人不满意的地方，客人一定会觉得我讲解乏味，计划亦终究不会获得接纳。”“如果计划不获接纳，主管定会认为我没有尽力，并会利用这一机会辞退我。”这星期以来，阿健经常为此事感到心情紧张，惴惴不安，甚至整夜难眠，弄得精神萎靡不振。

推介会的日子终于来临，阿健一早便抵达该公司的会客室，在等候的时候，觉得脑海内一片空白，心情紊乱，而且脸庞炙热，额角不断冒汗，阿健不停用手帕拭去脸上的汗珠，希望不让别人留意到自己有多紧张。但他越想将汗水擦干，汗水却流个没完没了，他真希望自己能立刻在会客室里消失，但无奈职责所在，他只好硬着头皮向客户概略地介绍保险计划书，但却挂一漏万，很多预先准备好的资料都没有用上。最后，他不得不花上很长的时间去回答客户的提问。

为了进一步让你明白正面及负面思维对情绪影响的认识，请再以阿健为例子进行以下的练习。

引发事件：阿健需要到客户的公司推介一个保险计划，他花了整整一个多星期来准备这个推广计划，务求使这次推广做得完美无瑕。	
推介会前，他有什么“行为反应”？	
抵达客户公司的会客室时，他的“心情”怎么样？	
他当时有什么“身体反应”？	
继而他有什么“行为反应”？	

阿健在草拟计划书的过程中有过一些念头，你觉得这些想法是属于哪种类型的思想陷阱呢？

阿健的想法	思想陷阱的类型
（1）每次彩排他总觉得自己的表现不太理想，并想象这份保险计划会由于自己的表现而不获得客户接受。	
（2）“无论我用何种方式表达，总有让人不满意的地方，客人一定会觉得我讲解乏味，计划亦终究不会获得接纳。”	
（3）“如果计划不获接纳，主管定会认为我没有尽力，并会利用这一机会辞退我。”	

▼现在，让我们将答案告诉你，看看是否与你写下的相同：

引发事件：阿健需要到客户的公司推介一个保险计划，他花了整整一个多星期来准备这个推广计划，务求使这次推广做得完美无瑕。	
推介会前，他有什么“行为反应”？	他常在晚上彩排讲词。
抵达客户公司的会客室时，他的“心情”怎么样？	觉得脑海内一片空白，心情紊乱。
他当时有什么“身体反应”？	脸庞炙热，额角不断冒汗。
继而他有什么“行为反应”？	阿健不停用手帕拭去脸上的汗珠。

阿健当时的想法分别属于以下的思想陷阱：

阿健的想法	思想陷阱的类型
（1）每次彩排他总觉得自己的表现不太理想，并想象这份保险计划会由于自己的表现而不获得客户接受。	归咎于己
（2）“无论我用何种方式表达，总有让人不满意的地方，客人一定会觉得我讲解乏味，计划亦终究不会获得接纳。”	否定自己
（3）“如果计划不获接纳，主管定会认为我没有尽力，并会利用这一机会辞退我。”	妄下判断/大难临头

和阿诗一样，阿健虽然同样出现过思想陷阱，但这次他也学习了用正面的思维方式去处理问题，所以他的情绪状态亦有所改善。下面，请你了解一下阿健如何处理他的焦虑情绪。

阿健记事簿之推介会
（松弛篇）

当阿健知道要到客户的公司推介一个保险计划时，他的焦虑又开始涌现，他每晚都花上很长的时间来做准备工作及彩排讲稿，务求使这次推广活动做到尽善尽美。但每次彩排他总觉自己的表现不太理想，甚至想象客户会由于自己的表现而令此计划不获接受。每当想到这里，他总觉得脸庞炙热，额角不断冒汗。这一次，当这情况再次出现时，他对自己说："阿健，你要停一停！你越是心急，你出错的机会就越高。"他倒了一杯冰水慢慢喝了几口，心想："这也不是你第一次向客户做推广活动，以往可以做得到，这次也可以做得到。""客人不会执著一些小问题而拒绝整份计划书，整体来说，这份保险计划书虽然不是绝无瑕疵，但在类似的推广活动也得到过其他客户的赏识。"想到这里，他的心情开始平静下来，他决定暂时放下彩排工作，并到楼下的会所去做健身。运动过后回家，当晚的心情有了明显的改善，而且也是这星期以来睡得最好的一晚。当下，他决定在未来几天里只容许自己再多做两次彩排便已足够。

最后，推介会终于来临，虽然阿健的心情照样紧张，但这次他能够将所有预备好的内容有条不紊地向客户推介，并得到了客户的赞赏。

为什么阿诗和阿健在记事簿的后半部都可以拥有不同的结果呢？下面，我们将仔细地向你解释及分析。

三、助您走出陷阱的“五常法”

阿诗和阿健懂得脱离思想陷阱的困扰，情绪由极度焦虑紧张转为平静，究竟他俩做了什么呢？

也许，你曾经听过办公室管理法有一种“五常法”，其实情绪管理也有“五常法”，你想知道是什么吗？以下资料能帮助你从思想陷阱中走出来。

1. 常留意身体警告信号

- 留意及“按停”身体警告信号

当我们情绪起伏不定时，身体会出现变化及反应，例如，心跳急速、呼吸不畅顺、唾液分泌过多、肌肉绷紧等。此时，必须把握时机“按停”警告信号。

- 警告信号举例

阿诗：全身绷紧、心跳加速、手心不断冒汗。

阿健：脸庞炙热、额角不断冒汗。

- “按停”警告信号举例

阿诗：用力深呼吸数下。

阿健：慢慢喝了几口冰水。

2. 常唤停负面思想

- 负面思想停一停

当你的身体警告信号响起时，表示你可能因为脑海中出现负面思想而处于情绪起伏的状态，此时你必须提醒自己要立即停止所有负面想法！同时，你要问自己是否跌进哪一个思想陷阱里。

- 举例

阿诗：“阿诗，你要冷静下来！”

阿健：“阿健，你要停一停！你越是心急，你出错的机会就越高。”

3. 常自我反问

- 自我反问

以简单的自我反问方式来纠正自己的负面思想、增加对事件的观点与角度。例如，

• 举例

阿诗：

(1)“不要再胡思乱想了，朋友多年不见，有机会相聚，高兴还来不及呢。而且，她如果嫌弃我，也不会约我见面啦。”

(2)“如果到时她对我冷言冷语的话，顶多下次不去赴约。犯不着现在未见面就先行离去，这样反而会惹人笑话。”

阿健：

(1)“这也不是你第一次向客户做推广活动，以往可以做得到，这次也可以做得到。”

(2)“客人不会执著一些小问题而拒绝整份计划书，整体来说，这份保险计划书虽然不是绝无瑕疵，但在类似的推广活动也得到过其他客户的赏识。”

4. 常分散注意力

• 分散注意力

当你停止所有的负面想法，并以另一角度反问自己后，为避免自己继续专注在负面的思想或事情中而无法自拔，你可进行一些正面行动将自己的注意力分散或转移到另外一些不相关的事情上。

这些行动可以是一些很简单及很小的行为，但能够带给你开心或舒一口气的感觉。

• 举例

阿诗：走到酒店的洗手间用冷水洗脸。

阿健：他决定暂时放下彩排工作，并到楼下的会所去做健身。

5. 常备聪明卡

• 制作聪明卡

日常生活中，你可找一些精致的纸卡，写下你从报章、杂志或别人口中得到的一些对自己有帮助的正面表达或正面信息作为你的人生金句（即聪明卡）。当你感到受负面情绪的困扰时，你可以取出这些聪明卡来为自己打气，甚至可以自行创作一些让自己松弛及舒心的语句来鼓励自己。

“五常法”要诀

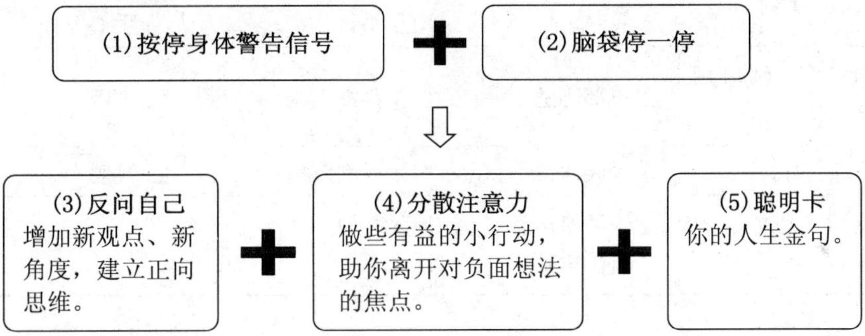

当你再次焦虑时，懂得**停一停、反问自己、分散注意力，**等等。你对实施这些步骤是否感到十分困难，甚至认为是天方夜谭呢?

事实上，思想模式是**经过多年**建立而成的，要一朝一夕完全改变过来，是不现实的想法；但如果你愿意**循序渐进、多加练习**的话，发生**正面的改变，**绝非不可能的事!

四、量身订制你的“五常法”

通过以上解说，以及对阿诗和阿健的成功经验的分析，相信大家已明白什么是:（1）警告信号、（2）脑袋停一停、（3）反问自己、（4）分散注意力，及（5）聪明卡了。

事实上，每个人的情况都不一样，若要落实以上的方法来帮助自己走出思想陷阱，并减低焦虑的困扰，我们建议你抽些时间剪裁一套适合自己的

“走出陷阱五常法”！

1. 常留意身体警告信号

当我们感到焦虑时，身体会习惯性地出现一些警告信号，其实在第二单元，你已经为自己检查过了。现在，请你再一次检视你的警告信号。（请在适当的空格中填上√号）

□ 心跳加速	□ 心悸、惊恐	□ 呼吸不畅顺	□ 口干、口水分泌过多
□ 面红耳热	□ 肌肉绷紧	□ 背痛、肌肉痛	□ 颈僵胳膊痛
□ 头痛	□ 头晕	□ 手抖	□ 手心冒汗
□ 胸口痛、胸口绷紧	□ 胃部不适	□ 食欲不振	□ 失眠
□ 手抖、脚抖	□ 手脚冰冷	□ 视觉模糊	□ 耳鸣
□ 反胃、恶心、想呕吐	□ 说话时声音震动、口齿不清	□ 其他	

要按停警告信号，你可以尝试运用下列的方法去抚平焦虑的情绪。

- **呼吸松弛法：**通过有节奏的自然呼吸法，令自己紧张的身体状态得以松弛。
- **意象松弛法：**幻想自己处身于一个幽美、宁静的大自然环境中（例如海滩或度假小岛），让自己的身体肌肉慢慢放松，达致身心舒畅的效果。有关松弛法，可参考本单元的补充资料。
- **饮冰水：**喝一杯或两杯冰水、让自己的头脑能即时清醒下来。
- **闭目养神：**找一个舒服的地方静静坐下，闭上眼睛，不要想任何事情，让自己有冷静、停下来歇息的时刻。
- **听音乐：**聆听一些柔和的音乐，让自己的情绪慢慢平息下来。

你是否还有其他对自己有效的方法，请写下属于你自己的方法：

1. ____________________

2. ____________________

3. ______________________________

4. ______________________________

5. ______________________________

我有哪几项经常出现的警告信号？	我如何按停警告信号？

2. 常唤停负面思想

当以上警告信号响起的时候，正代表着你的情绪又再度焦虑起来，而且，你亦有可能跌入思想陷阱之中。此时，除了按停这些警告信号外，更需要提醒自己“且慢，停一停”，帮助自己停止一切负面的想法。

那么，你知道怎样帮助自己“且慢，停一停”吗？

你需要为自己填写“且慢，停一停”的方法；未填写之前，你可参考以下例子。

“且慢，停一停”的方法/提醒说话	这个方法的效用如何？（0 分：完全无效，10 分：非常有效）	你是否会落实尝试这个方法？
（1）深呼吸，叫自己冷静一下	6	是
（2）在脑海中数一、二、三，叫自己冷静	5	是

除了以上两个例子，你还可以写上**提醒自己的话**，例如，

- “等一等，现在的情况并不如我想象的那么坏！”

- “停一停，先想清楚，千万不要钻牛角尖！”
- 向自己心中大声呼喊：“不要再想下去了！”
- “停下来！不要将事情看得这么悲观！”

现在请你为自己填写“且慢，停一停”的方法。

“且慢，停一停”的方法	这个方法的效用如何？（0分：完全无效，10分：非常有效）	你是否会落实尝试这个方法？
(1)		
(2)		
(3)		
(4)		
(5)		
(6)		

3. 常自我反问

现在，相信你已经清楚明白个人思想对自己的影响有多大；以不同的**观点与角度**看事物、以**正面说话**及**正面信息**取代负面想法，建立**正向思维**，均有助你走出思想陷阱，减低焦虑症状，并拥有健康的情绪。以下的练习将有助你找到新的出路，从牛角尖中走出来！

首先，你要问自己：“我最经常会跌进下列哪些陷阱里呢？”然后在该思想陷阱里的方格内加上“√”号。继而，利用“思想陷阱”两边的反问语句来帮助自己，学习从不同的观点与角度去看问题。你不妨将两边的问题熟读，待出现这些思想陷阱时，便可即时引用这些问题来反问自己。当然，你更可为你自己创造出独有的问句。

□
非黑即白
事情只有一个绝对的结果，不可能存在其他的可能性

是否一定是这样？有没有灰色地带？

除了这个极端想法，有没其他可能性呢？

□
大难临头
把事情的严重性放大，推至“灾难化”地步

事情是否真的如我想象般那么糟糕呢？

我是否过份负面地跨大了事情的严重性？

□
感情用事
以感觉作判断或结论，忽略事情的客观事实

为何我要被情绪控制着自己呢？

是感觉、抑或是理性原因导致这种判断/心情？

□
归咎于己
当有不理想的结果出现，就怪自己，认为是自己的责任

是否一定与我有关？其他人没有责任？

是否没有我就不能成事？

□
怨天尤人
当事情发生，总是埋怨别人或周边环境，忽略自身责任

除了别人外，我有没有责任呢？

我可以做些什么才可帮得上忙？

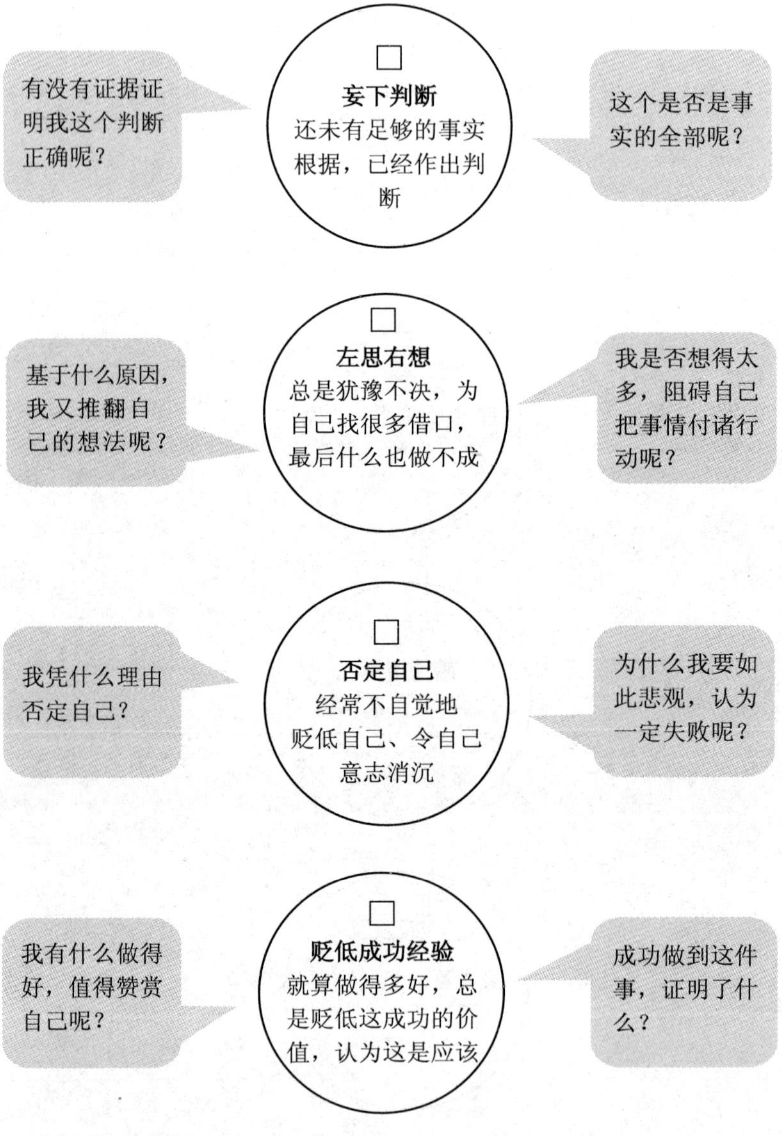

4. 常分散注意力

除了增加对事件的新观点与新角度、建立正向思维外，做些**自己喜欢的小行动**，亦有助于你将焦点不再集中于负面的想法上、完全走出思想陷阱，这些有益的**小行动**，就可以**分散注意力**了。

你会做些什么帮助自己分散对负面想法的注意力呢？

行动小，收益大	以下是一些**分散注意力**的例子：
（1）__________	（1）外出逛逛
（2）__________	（2）购物
（3）__________	（3）洗澡
（4）__________	（4）看书
（5）__________	（5）听音乐
	（6）看电视
	（7）打电话

5. 常备聪明卡

以往你曾经听过什么金玉良言令你印象深刻呢？有没有一些名言令你受到激励呢？请搜集这些正面语句、正面信息作为你的**人生金句**，并制成聪明卡，然后将这些卡摆放于你容易看到的地方，例如客厅、睡房或在工作场所的桌面，你亦可将聪明卡放在你的钱包或日记本内。

我的聪明语录

［例句］

- 多倒霉的日子也终将过去。
- 事情总有两面，不要只看消极的一面。
- 今日预支明天的快乐，明天处理今日的烦忧！

五、练习：走出思想陷阱

为了加强你对“走出陷阱五常法”的掌握，以帮助你在日后的生活中进行实践；现在，是考考你的时候！请运用阿健本星期的一次经历来完成此练习。他这次用了什么办法走出思想陷阱呢？请细阅他的近况，然后完成下面的练习。参考答案就在练习之后。

1. 阿健的故事

阿健记事簿之
工作会议

今天，阿健又参与银行的推广活动会议，一如既往，阿健的心情十分紧张，并预早进行了大量的资料搜集及彩排工作，以准备在会议上作报告。

还未正式开始会议，阿健已感到浑身痛、呼吸急促、脸庞炙热，阿健禁不住想到："这次自己没有什么新概念、新建议可以提出，但其他同事可不同，他们大都胸有成竹。不用说，我的意见一定不会获得主管的接纳，甚至会作出批评。"，阿健顿时感到非常焦躁不安，并且不停将桌上的数据翻来覆去。

突然间，阿健的脑海闪了一下，并提醒自己："停一停，我也搜集了不少资料，意见也并不一定比同事的差！"此时，他静静地在座位上作深呼吸，并不断在脑海内叫自己放松：放松手脚肌肉、颈膊和整个身体。阿健反问自己："同事手上有什么数据我也不大清楚，这么快就判定自己的意见一定不获主管欣赏，是否太过武断呢？"然后，阿健再仔细想："就算这次的建议不被接纳也不要紧，其实。每一次都有同事所提的建议被否决。现在先听取他们的意见，多吸取些经验，留待下次可以做得更好！"接着，他想轻松一会儿，便到茶水间协助同事预备饮料，渐渐地心情也开始平静下来。

现在，请你先根据上述记事簿的内容，填上自己的见解，然后再看看我们随之附上的答案。

引发事件：____

____

	当时情境	如何运用五常法
身体变化（警告信号）	______ ______	（1）按停：按停身体警告信号 ______ ______
当时想法	______ ______ 思想陷阱类别：（可能超过一种） ______ ______	（2）脑袋停一停：暂停一切负面思想 ______ ______ ______
情绪反应	______ ______ ______ ______ ______ ______	（3）自我反问：反驳自己的思想陷阱 ______ ______ 建立正向思维：新观点、新角度 ______ ______
行为反应	______ ______	（4）分散注意力：小行动 ______ ______
		（5）聪明卡：人生隽语 ______ ______

▼以下是我们的答案

引发事件：阿健又参与公司的销售会议，他预先进行了大量的资料搜集及彩排工作，准备在会议上作报告。

	当时情境	如何运用五常法
身体变化 （警告信号）	浑身痛、呼吸急促、脸庞炙热	（1）按停：按停身体警告信号 他静静地在座位上作深呼吸，并不断在心中叫自己放松：放松手脚肌肉、颈膊和整个身体。
当时想法	“这次自己没有什么新概念、新建议可以提出，但其他同事可不同，他们大都胸有成竹。不用说，我的意见一定不会获得主管的接纳，甚至会作出批评。” 思想陷阱类型：（可能超过一种） 妄下判断、否定自己	（2）脑袋停一停：暂停一切负面思想 “停一停，我也搜集了不少资料，意见并不一定比同事的差！”
情绪反应	非常之焦躁不安。	（3）自我反问：反驳自己的思想陷阱 “同事手上有什么数据我也不大清楚，这么快就判定自己的意见一定不获主管欣赏，是否太过武断呢？” 建立正向思维：新观点、新角度 “就算这次的建议不被接纳也不要紧，其实。每一次都有同事所提的建议被否决。现在先听取他们的意见，吸取多些经验，留待下次可以做得更好！”
行为反应	不停将桌上的资料翻来覆去。	（4）分散注意力：小行动 到茶水间协助同事预备饮料。
		（5）聪明卡：人生隽语 岂能尽如人意，但求无愧于心。

2. 自省练习

现在，请你选用自己的一个例子，根据上述的方式作自省练习。

请先选取一个过去一星期令你产生焦虑情绪的生活情境（建议选取那些情绪指数介乎 2 – 5 分的情境），你可从“焦虑排行榜”中拣选，并尝试运用“五常法”走出思想陷阱。

引发事件：________________________________

____

	当时情境	如何运用五常法
身体变化 （警告信号）	---------- ----------	（1）按停：按停身体警告信号 ---------- ----------
当时想法	---------- ---------- 思想陷阱类别：（可能超过一种） ---------- ----------	（2）脑袋停一停：暂停一切负面思想 ---------- ---------- ----------
情绪反应	---------- ---------- ---------- ---------- ---------- ----------	（3）自我反问：反驳自己的思想陷阱 ---------- ---------- 建立正向思维：新观点、新角度 ---------- ----------

（续）

	当时情境	如何运用五常法
行为反应		（4）分散注意力：小行动
		（5）聪明卡：人生隽语

六、“情绪温度计”与“身心思维自我分析表”

1. 情绪温度计

请圈出你认为最恰当的分数：0 分代表情绪非常差，10 分代表情绪非常好。

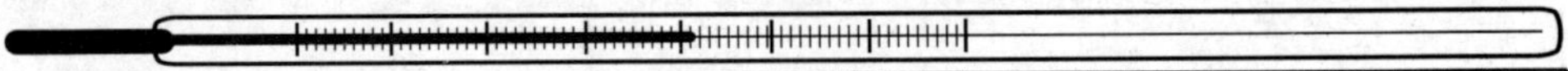

情绪温度计	0	1	2	3	4	5	6	7	8	9	10

在上一单元里，你的情绪指数是______分。

本星期你的情绪指数平均是______分。

这次分数比上次高／低（　　）分，你认为是由于过去一星期……

曾发生的一件事情（引发事件）：

____

你当时的正面/负面的想法：

____

____

你当时的正面/负面的行为：

____

____

如果是负面想法，你认为可以用什么正向思维把情绪改变过来呢？

正面思维：______________________________

如果这样想的话，情绪会出现怎样的变化呢？

____

2. 身心思维自我分析表

由本单元起，除了“身心思维自我分析表”这一部分外，每个单元均会加入“走出陷阱实践练习”。前者协助你掌握那些主要想法导致你出现负面情绪，同时分辨出这些想法属于哪一类型的思想陷阱；后者则协助你把“五常法”实践到这些生活情境中，让你走出思想陷阱！

请先选取一项过去一星期令你产生焦虑情绪的生活情境（可参考“焦虑排行榜”），并尝试运用“五常法”走出思想陷阱。

引发事件：______________________________

____

____

	当时情境	如何运用五常法
身体变化 （警告信号）	------------ ------------	（1）按停：按停身体警告信号 ------------ ------------
当时想法	------------ ------------ 思想陷阱类别：（可能超过一种） ------------ ------------	（2）脑袋停一停：暂停一切负面思想 ------------ ------------ ------------
情绪反应	------------ ------------ ------------ ------------ ------------ ------------	（3）自我反问：反驳自己的思想陷阱 ------------ ------------ 建立正向思维：新观点、新角度 ------------ ------------
行为反应	------------ ------------	（4）分散注意力：小行动 ------------ ------------
		（5）聪明卡：人生隽语 ------------ ------------

七、轻松行动表

又到“轻松行动表”这个环节，这个星期你打算去寻找哪些能让自己放松的事情呀？快完成以下练习吧！

轻松行动表

在未来一星期内，你打算完成哪一项放松心情的行动呢？

活动：	
日期：	时间：

预祝你的行动成功！

八、小结

- **思想陷阱**有如我们的生活习惯一般，建立了这一特定模式或习惯后，便很难作出改变。然而，不改变的代价将会使它（思想陷阱）成为我们人生路上的绊脚石；让焦虑、气馁、担忧等不断在我们的生活中出现。事实上，要挪开这颗石头并不困难，关键在于你是否愿意实践“五常法”。
- **走出陷阱“五常法”**正是协助你一步一步，循序渐进地检视及重建自己的思想模式，继而建立客观、具有理性的思考角度和思想方法。
- **总有你的鼓励：**每个人的人生都需要别人及自己不断为自己打气，故此请不要轻视聪明卡的效果，这些金句可以成为你生活的座右铭，在你遭逢艰难困苦的时刻给予你安慰、给予你支持、给予你肯定，甚至给予你力量继续前行，引领你找到新的方向。

补充资料

负面思想自我反问的方法

认知学派认为人的负面、不自主的思想模式及信念是通过经验习得的。当我们面对生活琐事，这些思想模式及信念便会不自主地影响着我们怎样理解及分析这些事件，从而进一步影响我们对事件的行为及情绪反应。从辅导的角度看，我们必须学习纠正那些习以为常的思想模式及信念，让我们不至于做出不恰当的行为及情绪反应。

1. 自我反问的目的

当我们察觉自己用了不恰当的思想模式及信念去理解事物时，我们便可以即时利用自我反问的方法来检视自己的想法是否出了问题。例如，当朋友批评自己的时候，我们可能会立刻想到朋友是故意挑剔自己。在这个时候，我们便可利用自我反问的方式来检视自己的想法是否恰当。我们可以这样问自己：“我有什么事实和证据可以证明朋友是故意挑剔自己的呢？”另外，我们亦可以问：“是否所有人身处于同一情况下都会像我一样作出同样的结论呢？”通过这些自我反问，我们便可以分辨出自己的想法是否正确。

2. 学习过程

初学者往往会因感到难于纠正不自主的思想及信念而很快便放弃运用自辩的技巧，这一点十分值得我们注意。其实，自我反问是一个过程，其中的技巧是要经过重复的练习才可以掌握的。同时，我们更要学习怎样察觉自己是否已陷入负面不自主思想及信念的罗网中。这个步骤非常重要，因为这样可以把不自觉的负面不自主思想及信念提升到意识的层面上，即我们要经常提醒自己是否理性及正面地剖析问题。一般而言，我们可以用以下两种方法协助自己把不自主的负面思想提升至意识的层面。

（1）在面对某些生活事件并出现负面情绪时，我们可以问自己这个问题：“我是否用了一些负面不自主思想模式去了解和分析这一生活事件？”

（2）把事件写在纸上，并尝试思索这事件是怎样影响自己的思想、行为及情绪的。我们从中便可知道自己的负面思想模式及信念了。

当我们习惯了用这个方法去了解自己的思想模式及信念时，我们便可以不用把它写在纸上了。

3. 自我反问的技巧

当我们察觉自己的思想中出现负面思想模式及信念时，我们可以用以下的自我提问方式来纠正这些思维。

(1) “是否有什么证据可以证明我这个想法是对的?”或“是否有什么证据可以证明我这个想法是错的?”这两个提问可以协助我们理性地分析事件或情况。例如，当我认为朋友是有意挑剔自己时，这两个提问便可引导去寻找证据证明或推翻我的想法。

(2) “是否每个人处于同一情况下会跟我有同样的想法?”这个提问可以帮助我们了解到自己的想法不是唯一及绝对的想法，因此也不一定是对的。

(3) “从另外一个角度看这件事，我的想法是：……”其实，每一件事情都可以有多个观点及看法，自己的某个看法不一定是对的。

(4) “情况最坏的时候会是怎样的呢?”有些时候，我们会把事情灾难化，认为事情已到了一个无法收拾及极坏的情况。其实，当我们细心审视事情时，我们便明白事情不是想象中的那么坏。这个提问对于那些容易焦虑的人尤其有效。

(5) “如果我继续从负面的角度想下去，对我会带来什么坏处呢?”或“如果我用一个新的想法去了解这件事情，对我会带来什么好处呢?”这两个提问主要是协助我们衡量是否值得继续拥有或应立刻放弃某个负面的想法。倘若我们明白某些负面思想模式及信念是经常影响着我们的焦虑情绪及行为时，我们便应该放弃某些负面的想法及信念。

第六单元

思想规条与情绪的关系

单元目标

完成本单元之后，你将：

1. 明白什么是思想规条。
2. 了解思想规条对自己的影响。

阿诗记事簿之
相处难

阿诗自从辞去音乐老师的工作后，赋闲在家好长一段时间，最近，她在一间计算机及商科学校找到一份文职工作。一如既往，她常常觉得跟同事格格不入，无法与他们轻松自在地交谈，每当她想开口跟同事攀谈时，脑海就会自然想到："同事各有专长，不是精于计算机就是会计专才，自己却学非所用，现在只是个小文员，谁会有兴趣跟你交往。"阿诗觉得大部分同事都有很丰富的工作经验，做事快捷妥当，相反，自己无论做什么事都比不上他们，跟他们交谈就会显得自己无知，惹来他们的耻笑。每当想到这些，她便会尽量避免跟同事交往。

此外，阿诗每天来到办公室就开始觉得有压力，因为无论上司给她任何职务，她都会逼着自己当天完成，她相信"当天工作当天做完才是一位称职的员工"。所以，她从来不会向上司说："今天可能赶不及，能否明天交给你？"正因为如此，每当有工作应付不来时，她就会非常焦急不安，亦十分害怕跟上司说话，甚至会尽量逃避见面。

阿诗亦甚少出席朋友的约会，因为她觉得自己不懂打扮，衣着落伍，而且谈吐乏味。而她总觉得说话风趣，打扮入时，才会有人喜欢跟你做朋友。所以每当想到这些，她都会拒绝朋友的邀约。

一、一周检查

在未开始进入本单元的练习前，首先问问自己：过去的一星期里，你是否完成一项让自己轻松的行动呢？请根据你的个人经验填写下表。

行动内容：	
你“有”完成这项活动	你“没有”完成这项活动
你的感觉如何：________ ________ 是否可短暂减低你的焦虑：是／否 原因：________ ________ ________	没有完成的原因：________ ________ ________ ________ ________ ________

二、个人的思想规条

1. 什么是思想规条

每个人都有自己的一套对人和事的想法，那既是个人对自己和别人的期望、见解，亦是用来量度自己及别人的“标准尺”。这些期望及标准都是由我们各种生活经验累积而来的。例如，

【例一】我是一个能干的员工，在他人面前一定要口齿伶俐。

【例二】为了成功，我必须保持良好的人际关系，因此绝不可得罪任何同事和朋友。

思想规条是什么呢？

- 譬如“例一”这个人认为能干的人必须有良好的口才，而口才欠佳即反映出办事能力有限。故此，无论这个人出席任何场合，跟别人谈话时都极力要求自己做到口若悬河，不可以说话期期艾艾，也不可以容忍说话的内容空洞无物。如果个人为自己订下了如此苛刻及缺乏弹性的规条，当然会为自己制造不少的压力和焦虑了。
- “例二”这个人认为如果要成为社会上的成功人士，必须跟身边的人保持良好的人际关系，否则便难以成功，甚至不能在社会上生存。你若执著于这种想法，当跟某些朋友或同事在合作或处理问题上出现一些分歧（这是每天都有可能发生的事），或者有少许冲突时，便会异常焦虑和烦躁，甚至会觉得自己很失败。

从上述的分析，让我们看到如果过份执著于某些信念或想法，它不只为我们的生活增添很大的压力，甚至会成为我们生活的无形枷锁，影响我们与别人的交往。现在，且让我们深入一点去了解什么是个人规条，以及它对个人产生焦虑情绪的影响。

2. 阿诗的思想规条

首先从阿诗的个案开始，我们看到阿诗有她自己一套做人处事的想法，并深信这种想法须在日常的生活中予以履行，否则会不被别人及自己所接受，而这些想法便成为她的个人规条。

请试从“阿诗记事簿之相处难”中找出她所拥有的规条，并在下面填写。

（1）与同事有关：____________________

____

（2）与工作有关：____________________

____

（3）与朋友有关：________________________________

____

▼现在，请看看我们的答案吧。

（1）与同事有关：觉得必须有相约的背景、能力，否则同事不会有兴趣跟你打交道。

（2）与工作有关：当天工作必须当天完成，才是一位称职的员工。

（3）与朋友有关：必须要说话风趣，打扮入时，否则别人不会喜欢跟你做朋友。

无论你是否答对，让我们一起分析这些规条的共通点。

（1）存在着一些个人的信念，如“觉得同事间彼此的背景、能力**必须**要相约，否则别人不会有兴趣跟你打交道”、“无论上司给你任何的职务，你都**需要**在当天完成，否则就不是一位称职的员工”，等等。

（2）这些个人信念背后存在着做人的原则，以及对自己及别人的期望。

（3）倘若我们过份执著这些个人的信念，缺乏弹性地去处理不同的问题，便给自己及别人带来生活上的压力及情绪上的困扰。

（4）这些个人信念是从生活经验中累积而成的，因此很多时候我们不自觉地以这些信念来规范我们的生活，并以它们作为行事和为人的标准。

三、思想规条与思想陷阱的区分及关系

在探索你的思想规条前，让我们对规条先多一点认识。了解规条与思想陷阱有什么不同。试从下面六项特质中，分辨出哪些跟思想陷阱和思想规条有关。

即时思维反应　　根深蒂固

不假思索　　既有的标准／信念

原则性　　事件性

思想规条	**思想陷阱**
(1) ________	(1) ________
(2) ________	(2) ________
(3) ________	(3) ________

▼你答对了多少呢？请与下表核对一下。

思想规条	思想陷阱
既有的标准/信念	即时思维反应
根深蒂固	不假思索
原则性	事件性

为何我们要区分这两类思想元素呢？从第二单元中，我们知道有两种思想元素会影响个人的情绪：**思想陷阱**及**思想规条**。前者指出在不同的生活环节中我们往往会不自觉地对该情境作出实时的判断及评价，因而跌进思想上的陷阱。只要我们及早察觉自己将会跌进或已经跌进某些陷阱时，我们便可运用“五常法”使自己跳出陷阱，从而离开焦虑的情绪状态。了解及跳出陷阱有助于我们在短时间内控制自己的焦虑情绪。

至于思想规条的影响，主要在于引导个人以某些信念和标准来衡量身边的人和事物。这些规条较具**原则**性，并根深蒂固地隐藏在我们的思维里。一般而言，这些信念是从小自生活经验累积而成的，它们影响个人在不同的生活环节中对人和事作出不同程度的期望。严格来说，思想规条并没有对或错之分，只是当人视这些规条为金科玉律，不可违反时，这些规条便会严重地影响个人如何应对不同的生活情境，以及如何与他人建立健康的社交关系。你是否希望可以改善你的焦虑问题？如果是，那你必须改善你的思维方式，亦需要花些时间去检视及改变自己的思想规条。

现在，请你做一个小练习，学习区分“思想规条”和“思想陷阱”，看看自己能够掌握多少？请圈出你认为对的答案。

（1）要有好的前途，必须善于交际。	思想规条 / 思想陷阱
（2）我这个人十分内向，哪会有什么好朋友。	思想规条 / 思想陷阱
（3）快乐的人生是事事顺利，没有障碍。	思想规条 / 思想陷阱
（4）他们处处跟我作对，叫我无法顺利完成工作。	思想规条 / 思想陷阱
（5）只有志同道合、兴趣相投的人才会成为朋友。	思想规条 / 思想陷阱
（6）他跟我的意见不一样，根本很难做朋友。	思想规条 / 思想陷阱
（7）付出必须有回报。	思想规条 / 思想陷阱
（8）我付出了那么多，为何他（男朋友）没有一丁点儿的回报？	思想规条 / 思想陷阱
（9）气死人了，明明错了，为什么没有人会指出来？	思想规条 / 思想陷阱
（10）世上绝对有“对”与“错”，对的应得到认同，错误的应必须否定/加以纠正。	思想规条 / 思想陷阱
（11）你有事也不告诉我，我在你心目中算什么？	思想规条 / 思想陷阱
（12）为什么老天爷这样不公平，她天生口才和容貌都这么出众，而我这两方面都比她逊色！	思想规条 / 思想陷阱
（13）世界必须要公平公正。	思想规条 / 思想陷阱

▼现在，请看看我们的答案吧：

（1）要有好的前途，必须善于交际。	思想规条
（2）我这个人十分内向，哪会有什么好朋友。	思想陷阱
（3）快乐的人生是事事顺利，没有障碍。	思想规条
（4）他们处处跟我作对，叫我无法顺利完成工作。	思想陷阱

（续）

（5）只有志同道合、兴趣相投的人才会成为朋友。	思想规条
（6）他跟我的意见不一样，根本很难做朋友。	思想陷阱
（7）付出必须有回报。	思想规条
（8）我付出了那么多，为何他（男朋友）没有一丁点儿的回报？	思想陷阱
（9）气死人了，明明错了，为什么没有人会指出来？	思想陷阱
（10）世上绝对有“对”与“错”，对的应得到认同，错误的应必须否定/加以纠正。	思想规条
（11）你有事也不告诉我，我在你心目中算什么？	思想陷阱
（12）为什么老天爷这样不公平，她天生口才和容貌都这么出众，而我这两方面都比她逊色！	思想陷阱
（13）世界必须要公平公正。	思想规条

现在，你或许对思想规条与思想陷阱的分别已经有了初步认识。但总的来说，思想陷阱是我们对身边的人和事物第一个立刻浮现出来的负面想法。但如果我们细心思考及分析这些即时及自然浮现的想法时，我们不难发现这些想法背后都可能包含或来自某些信念、原则与期望。

四、思想规条秤一秤

个人的思想规条可以用来规范自己的处事行为，作为个人价值取向的准则。但不幸的是，有时我们会错订了一些不合理的规条；有时即使订下的规条尚算合理，但却过分地执著遵从，不懂得弹性处理。当这些规条与我们的期望相违背时，我们就会感到焦虑和失望，甚至会出现一些更严重的危机。

试举个例子：我应该要尽量做到最好，免得上司对我作出负面的评价。

• 作为下属，能完成上司给予的工作，是一个合理的想法，对自己的工作尽责，更是工作应有的态度。但有时这个想法也可能成为一个硬性的规条，让你以为只要是工作，便非要做到最完美不可，从没有想过：如果放松一下，给自己留一点空间，事情会不会做得更妥当？是否一件工序做得不够完美，上司便一定会责难你？上司是否真的会在每一项工作上详细评估，甚至为难自己？

• 结果，你可能因为过于紧张自己的工作以致表现失准，因而对自己作出很低的评价，自尊心滑落。

• 把工作做好原本是一个合理的工作准则，但由于我们将它作为硬性规条，便会引发出上述的问题。如果这样，你还要硬性保留和执行这些规条吗？

我们需了解思想规条对自己所产生的影响，从而决定我们是否应该去除或放宽这些规条，帮助我们消除它所带来的负面影响。希望你可以为自己的思想规条逐一衡量，由你自己来评定哪些规条需要摒弃或放宽。

试就以下例子，凭自己的判断力将思想规条秤一秤，衡量它们是否值得保留/放宽。

规条一：跟朋友相处时，无论他们对我有什么要求，我都应该尽可能迎合他们，这才算得上是真诚待人。

这个规条在什么情况下便不值得保留或需要放宽呢？

____

____

____

请仔细想想：

待人以诚固然是好事，但这不等于要迎合朋友的所有要求，如果朋友的要求并不合理，并且在你的能力范围以外，你还要遵从这样的规条吗？事实上，当你的能力有限，或当朋友的要求有违你的个人意愿时，你更应该坦白向他们反映，而不应只图讨好和迎合他们。坦白地说出自己的感受，是更为真诚的表现。因此，这一规条有不少修改和放宽的空间。

规条二：必须训练出一流的人际沟通技巧，否则我日后便注定会失败。

这个规条在什么情况下才不值得保留或需要放宽呢？

请仔细想想：

是否所有工作都讲求人际沟通技巧呢？是否善于交际就等于工作一定会办妥呢？怎样的人际沟通技巧才算得上出色？没有这些社交技巧是否就一定交不到朋友？如何才算是成功呢？

你会否过分看重个人的沟通技巧？其实，很多人的社交技巧并不特别出色，但也能结交到不少朋友，而且事业也不见得会因而受到阻碍。你根本不用为此而过分紧张，对吗？

规条三：如果要人帮忙，我便是一个没出息的人。

这个规条在什么情况下才不值得保留或需要放宽呢？

请仔细想想：

有很多事情都非个人能力所及，若坚守这个规条，某些事情真的需要别人帮忙时，便会产生挫折感，失去自信，你觉得这是合理的吗？

所以你需要了解思想规条对自己的影响，更需要对自己的思想规条作出反思。“思想规条秤一秤”是希望通过你对自己某些规条的反思，了解这些规条是否对你造成不必要及不良的影响。

五、思想规条知多少

我们已经看过阿诗本身拥有的思想规条，你自己可有什么思想规条呢？

现在，不妨先想想自己有什么思想规条，会导致当你身处某个生活环节时便会出现过分紧张、焦虑的情况，然后在下面空白的线条上写下这些规条，对自己进行一次自我反省。如果没有的话，就在上面画一个笑脸，或写下一句称赞自己的话。

（1）你“个人”的思想规条（待人处世的态度、个人成就及价值观、行为习惯等），例如，如果将自己的弱点告诉别人，别人便会看不起我了。

a. ____

b. ____

c. ____

哪一项规条给你带来最大的影响	影响的程度（100%满分）	值得保留吗	原　因
		值得 / 不值得	

（2）对“工作”的规条（对同事的期望、自己作为员工的态度及价值、工作表现等），例如，在上司面前必须做到最好，才会被认为是个能干的人。

a. ____

b. ____

c. ________________

哪一项规条给你带来最大的影响	影响的程度（100%满分）	值得保留吗	原　因
		值得／不值得	

（3）对“朋友”的规条（对朋友的期望、作为朋友的态度及价值、朋友相处之道），例如，在朋友面前必须谨言慎行，否则他们便会讨厌我。

a. ________________

b. ________________

c. ________________

哪一项规条给你带来最大的影响	影响的程度（100%满分）	值得保留吗	原　因
		值得／不值得	

（4）对“同事/同学”的规条（对同事/同学的期望、态度及价值，同事/同学间的相处等），例如，在同事面前不可以犯错，因为他们总会利用机会来贬低自己。

a. ________________

b. ________________

c. ________________

哪一项规条给你带来最大的影响	影响的程度（100%满分）	值得保留吗	原　因
		值得 / 不值得	

（5）除了上述的规条外，还有什么生活处境会令你特别紧张（如读书考试、向上司汇报工作、跟亲属聚会等），将你身处该情境时可能会有的规条也写下来吧。

a. ______________________________

b. ______________________________

c. ______________________________

哪一项规条给你带来最大的影响	影响的程度（100%满分）	值得保留吗	原　因
		值得 / 不值得	

每个人都会拥有某些个人的思想规条，你需要了解思想规条对于自己的影响，更需要对自己的思想规条作出反思。

六、练习：从负面思想找出思想规条

要确定个人的思想规条，你需要多加练习。现在，让我们以阿诗和阿健为例，做些小练习吧！

我们要进入“时光倒流一星期”，通过阿诗与阿健的记事簿内容（**引发事件**），找出他/她们的一些即时想法（**思想陷阱**），来推断出他/她们背后的思

想规条。

请参考第五单元的阿诗和阿健的记事簿。

1. 阿诗记事簿之赴约

（1）阿诗："南茜一向都聪明伶俐，谈吐得体。我俩多年没见面，她已经是一位成功的专业人士，而我却越来越追不上时代，不只说话乏味，样子也变得很土，跟她一起，更加相形见绌。"

这个想法背后所包含的信念／原则及期望：________________________

____

____（思想规条）

（2）阿诗："一会儿南茜见到我现在的模样，一定会吓一跳，我何苦到这里丢人现眼呢！"

这个想法背后所包含的信念／原则及期望：________________________

____

____（思想规条）

2. 阿健记事簿之推介会

（1）阿健："无论我用何种方式表达，总有让人不满意的地方，客人一定会觉得我讲解乏味，计划亦终究不会获得接纳。"

这个想法背后所包含的信念／原则及期望：________________________

____

____（思想规条）

（2）阿健："如果计划不获接纳，主管定会认为我没有尽可力，并会利用这一机会辞退我。"

这个想法背后所包含的信念／原则及期望：________________________

____

____（思想规条）

▼现在，请看看我们的答案吧。

1. 阿诗记事簿之赴约

（1）阿诗："南茜一向都聪明伶俐，谈吐得体。我俩多年没见面，她已经是一位成功的专业人士，而我却越来越追不上时代，不只说话乏味，样子也变得很土，跟她一起，更加相形见绌。"

这个想法背后所包含的信念／原则及期望：阿诗认为个人的谈吐、事业成就、社会身份等都很重要。阿诗期望自己口齿伶俐，成为与时并进的女性。（思想规条）

（2）阿诗："一会儿南茜见到我现在的模样，一定会吓一跳，我何苦到这里丢人现眼呢！"

这个想法背后所包含的信念／原则及期望：阿诗认为个人的外表很重要，足以影响与朋友建立关系。阿诗期望与朋友见面时，可以展示自己最美好的一面。（思想规条）

2. 阿健记事簿之推介会

（1）阿健："无论我用何种方式表达，总有让人不满意的地方，客人一定会觉得我讲解乏味，计划亦终究不会获得接纳。"

这个想法背后所包含的信念／原则及期望：认为如果计划获得接纳，说话技巧比实质内容更为重要。阿健期望自己有良好的表达能力和说话技巧。（思想规条）

（2）阿健："如果计划不获接纳，主管定会认为我没有尽力，并会利用这一机会辞退我。"

这个想法背后所包含的信念／原则及期望：认为每个计划都要做到最完美，否则就是自己能力有问题。阿健期望自己每个计划都做到最好，获得客户的接纳。（思想规条）

七、“情绪温度计”与“身心思维自我分析表”

1. 情绪温度计

请圈出你认为最恰当的分数：0 分代表情绪非常差，10 分代表情绪非常好。

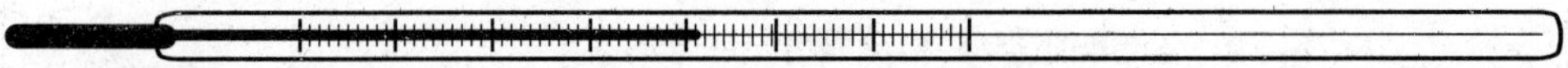

情绪温度计	0	1	2	3	4	5	6	7	8	9	10

在上一单元，你的情绪指数是______分。

本星期你的情绪指数平均是______分。

你做了些什么使自己的分数较上星期高了些？______________

你在未来一星期可做些什么来提升自己的分数：______________

2. 身心思维自我分析表

请先选取一项过去一星期令你产生焦虑情绪的生活情境（可参考“焦虑排行榜”）。

	当时情境	如何运用五常法
身体反应 （警告信号）		（1）按停：按停身体警告信号

（续）

	当时情境	如何运用五常法
当时想法	------------ ------------ ------------ 思想陷阱类型：（可能多于一种） ------------ ------------ ------------ 想法背后可能隐藏着什么规条 ------------ ------------	（2）脑袋停一停：（有何方法/提醒说话，助你暂停负面想法） ------------ ------------ ------------ 这个想法是否值得保留： □ 值得 ／ □ 不值得 原因：------------ ------------ ------------ ------------
情绪反应	------------ ------------ ------------ ------------ ------------ ------------ ------------	（3）自我反问：反驳自己的思想陷阱 ------------ ------------ ------------ 建立正向思维：新观点、新角度 ------------ ------------
行为反应	------------ ------------ ------------	（4）分散注意力：小行动 ------------ ------------ ------------

（续）

	当时情境	如何运用五常法
		(5) 聪明卡：人生隽语 ------------------------ ------------------------

八、轻松行动表

又到“轻松行动表”这个环节，这个星期你打算去寻找哪些能让自己放松的事情呢？快完成以下练习吧！

轻松行动表

在未来一星期内，你打算完成哪一项放松心情的行动呢？

活动：	
日期：	时间：

预祝你的行动成功！

九、小结

每个人都有自己的一套思想规条，这些思想规条未必对我们的情绪带来什么影响，但有些却肯定会为我们带来焦虑与不安。正因为如此，我们认为有必要重新检讨及厘清有哪些思想规条对我们的生活会造成影响；若我们辨识出某些规条会在一些生活环节中为我们带来焦虑，那么，我们就必须对这些思想规条重新反思，然后予以放宽或摒弃。

补充资料

为什么身心松弛很重要？

松弛和紧张都是一种身心的感觉。当我们感到紧张时，我们的身体都可能会出现以下的症状：呼吸急促、心跳加快、肌肉紧张及面红耳赤，等等。这些症状的出现就好像一个警告信号，说明我们的身体已进入了一个紧张状态。根据不少的临床研究报告结果显示，倘若我们的身体处于极度紧张的状态时，我们很难冷静及有系统地分析事物及寻求解决方法。因此，紧张的情况便会循环不息地恶化下去。另一方面，一些长期处于紧张状态的人，会较容易出现负面情绪，例如，容易发脾气、愤怒，等等。另外，长期紧张的人亦会容易出现以下的种种疾病：心脏病、胃溃疡、紧张性头痛、高血压和心脏病等。反之，当我们感到松弛的时候，会觉得身体肌肉松软，身心舒畅，有如置身于一个极为优美和宁静的环境之中。

其实，导致身心紧张的因素十分之多，但总括可以分为内在因素及外在因素两方面。外在因素包括：（1）长期面对生活压力，例如繁重的工作及经济困扰等；（2）面对重大的生活转变，如结婚、亲人逝世、失业等；（3）人际相处上的问题，例如夫妻之间的争执、同事间的不和等。而内在个人因素方面，一般是指在面对外在因素的缠扰时，个人本身是怎样理解及处理该问题而导致身心更为紧张。在思维方面，倘若我们认为某些事情会为自己带来伤害、损失或挑战，身体便会不自觉地产生紧张的反应。另一方面，如果我们认为自己有能力应付所面对的问题时，我们便不会感到那么紧张。反之，若我们把事情视为难于解决的问题时，我们的身体便会紧张起来。这个结论告诉我们，外在的环境因素不一定会直接引起紧张的身体反应，而是我们怎样评估外在因素的严重性及自我解决问题的能力所导致的。

无论原因在哪里，当我们的身心感到紧张时，我们必须有效地调息这种紧张的状态。从文献中，我们可以把现在已知的松弛方法分为以下两大类型：（1）及时舒缓身心紧张的松弛方法，如深呼吸技巧训练；（2）长期的身心松弛练习，如肌肉松弛法和意象松弛法等。前者的主要功用是协助当事人在极度紧张的情况时，怎样尽快地让自己可以平伏紧张的心情及冷静地处理面对的问题。后者的作用是帮助当事人在日常生活中建立一个较为轻松的身心状态。如果我们经常进行松弛练习，身心便会得到调息，不至于长期处于紧张的状态。

以下，我们会向大家介绍几种身心松弛的方法，包括意象松弛法、肌肉松弛法及呼吸松弛法。

1. 意象松弛法

意象松弛法主要通过一些幻想将自己投入于一个正面的、舒服的情境内，令自己有轻松的感觉。在带领自己作练习时，尽量以"低沉"的声音慢慢地在"心里"描述一些舒服的情境，你亦可以预先制作有轻音乐背景的录音带，然后自己跟着已录制好的指引来做练习。但是，无论是"当时在心里想或制作录音带"切勿把情境的内容复杂化，人物、事物、景象只求简单，内容重复亦无妨。指导时，可以特别强调"感受个人的平静感"，并鼓励自己平日多加练习，每次提醒自我指导时要注意上述的练习原则。

以下是及时作自我指导的举例。

首先，请你寻找一个舒适及宁静的位置，并可以选择是否要把眼镜、手表或鞋袜脱去。

跟自己说让我安静下来后，我现在开始诵读一段故事给自己（当然是已预先准备的一段故事或参考以下的例子），引领自己进入一个轻松愉快的情景中。其内容是描述一个舒服及宁静的环境，这时你必须在心中尽量以"低沉"的声音慢慢地及轻轻地描述。

现在开始了，你先在心里默念：

让我轻轻地闭上眼睛，现在尝试排除杂念，首先注意自己有节奏的呼吸，我正在吸气及呼气，集中注意自己的呼吸节奏，排除心中的杂念，集中注意自己的呼吸节奏，现在我进入一轻松的世界里，我要用"心"去感觉那世界，现在我身处于一个了无人迹的沙滩上，我现在身处于一个了无人迹的沙滩上，尽量去想想我现在身处于一个了无人迹的沙滩上（停顿 3 秒，尽力去想），和暖的太阳光线照射在我的脸上，去感觉那和暖的太阳光线照射在我脸上的那种舒服的感觉，去感觉那种舒服的感觉，去感觉那种舒服的感觉（停顿 3 秒，尽力去想）。天空上的沙鸥自由自在地展翅翱翔，我要用"心"去欣赏沙鸥自由自在地展翅翱翔，用“心”去欣赏沙鸥自由自在地展翅翱翔，我现在有一种舒服的感觉（停顿3秒，尽力去想），用我的“心”去欣赏沙鸥自由自在地展翅翱翔，沙鸥的翱翔动作很优美，沙鸥的翱翔动作很优美，用我的“心”去欣赏沙鸥优美的翱翔动作。（从“和暖的太阳光线照射在你的脸上”……开始重复两次）

我要集中感觉自己的轻松感，我现在觉得放松了很多，感觉自己现在舒服的感觉，我可以张开眼睛了，现在我已经完成了意象松弛练习了。

2. 肌肉松弛法

肌肉松弛法是运用收紧放松对比（tension - relaxation contrast）的效应，指导自己作练习时必须把焦点放在“肌肉放松”时那种轻松舒服的感觉上，从而达至某种放松的效果。但是，假若你曾经身体严重受伤、肌肉抽筋或有背伤问题等，做这个练习前你必须先咨询医生的意见。这练习适合餐前做，以免影响消化。另外，亦不适合想马上入睡前做，这会使你花较长的时间才能入睡。可能的话，尽量坐在椅子上做。

首先，请你寻找一个舒适及宁静的位置，并可以选择是否要把眼镜、手表或鞋袜脱去。练习的过程时你需要把某一组肌肉“用力收紧”，并维持3至5秒，然后马上把该组肌肉放松，仿佛进入无力状态似的。同时，不断在心里提醒自己去**“感受放松那一刻的舒服感觉”**（这一点非常重要，切勿只顾着肌肉的收紧或放松）。现在我们提供笔者所设计的浓缩简单版的例子。

步骤如下：

（1）选一张有靠背的椅子坐下。

（2）脚板要完全着地，务求坐得舒服。

（3）然后合上眼睛，让肌肉逐步松弛，告诉自己进入无力状态似的（停顿3秒，尽力去想自己已进入无力状态似的）。

（4）先由手部做起，把双手下垂伸直，两手同时握拳，用力握拳，大力一点，可用尽你自己的力量，同时感觉手臂的肌肉亦收紧，维持3秒，1、2、3，放松，保持放松状态3秒。重复一次，两手用力握拳，同时感觉手臂的肌肉亦收紧，维持3秒，1、2、3，放松，马上去感觉“肌肉放松”时那种轻松舒服的感觉，好像有股暖流由手臂流向手指处似的，集中注意力用“心”去感觉这感觉。保持放松状态3秒。

（5）现在把脚伸直，“脚尖”离地，把脚尖用力向内压，维持3秒，1、2、3，放松，1、2、3，保持放松状态3秒。重复一次，把脚尖用力向内压，维持3秒，1、2、3，放松，感觉“肌肉放松”时那种轻松舒服的感觉，保持放松状态3秒。

（6）再把脚尖用力向内压，同时用力收紧小腿肌肉及大腿肌肉，维持3秒，1、2、3，放松。然后放松3秒，1、2、3。重复一次，把脚尖用力向内压，同时用力收紧小腿肌肉及大腿肌肉，维持3秒，1、2、3，放松。然后放松3秒，去“用心”感觉“肌肉放松”时那种轻松舒服的感觉，在心里告诉自己好像有股暖流由大腿流向小腿处似的，尽量“专心”感觉这感觉。

（7）两手握拳，两前臂向上提至与上臂约45度角，两肩膊微向内弯，然后用尽力收紧小腹，同时感觉胸部肌肉亦收紧，维持3秒，1、2、3，放松。重复一次，用尽力收紧小腹，同时感觉胸部肌肉亦收紧，维持3秒，1、2、3，放松，马上感觉“肌肉放松”时那种轻松舒服的感觉，维持3秒，1、2、3。

（8）缩颈，同时“用力”合嘴及紧闭双眼，使颈及面部肌肉都极度收紧，维持3秒，1、2、3，放松。重复一次，缩颈，同时“用力”合嘴及紧闭双眼，使颈及面部肌肉都极度收紧，维持3秒，1、2、3，放松，马上感觉“肌肉放松”时那种轻松舒服的感觉，维持3秒，1、2、3。

（9）如此再从手部做起，重复两次，过程完全与上述做法一样。

（10）然后，集中注意自己的呼吸。

（11）开始吸气默数：1、3、5、7、9、停，然后呼气。

（12）呼气时默数：2、4、6、8、10、停，然后吸气，呼吸练习重复两次。现在马上感受一下松弛的经验。平日多加练习，恒之有效。

3. 呼吸松弛法

在这里所介绍的呼吸松弛法特别适合作情绪控制之用。做法是当你意识到生理警报系统出现生理反应时，即代表负面情绪反应已出现；这时，可以运用有节奏的呼吸，通过有节奏的“自然呼吸法”，令自己达致松弛的效果，这亦是分散注意力的好方法。把自己带进较冷静的心境。另外，亦可以在紧张或处于压迫性的环境时使用此法，原则是把所有的专注都放在有节奏的呼吸上，在心中以“1”代表吸气，并维持两至3秒，然后，闭气两秒，再用

“2”代表呼气，并维持两至3秒的方式来进行此练习，将有效达到某种程度上的放松效果。

示例

（1）你可以寻找一个安静及舒适的位置，甚至在地铁、巴士或其他地方亦可以做（最好平日多加练习，到了真的在紧张或处于压迫性的环境时使用此法，效果则更为明显）。

（2）然后指导作呼吸松弛练习：

- 在心里默数“1”代表吸气，并维持两秒，然后“2”代表呼气，并维持两秒。
- 开始在心里喊“1”，维持两秒，然后闭气两秒，再在心里喊“2”，维持两秒。整个练习为时约1分钟。
- 这时在心里告诉感受到身体因调节呼吸后而出现的松弛状态。

第七单元

如何改写思想规条

单元目标

完成本单元之后，你将：

1. 进一步了解思想规条及其影响。
2. 学习一些改写思想规条的方法。

阿诗记事簿之
苦恼何处来

阿诗现在在计算机及商科学校工作，若接待处的同事放假，她便要接替该工作岗位，这是她最苦恼的事，因为每次都要应对不同学生的查询。虽然一般的询问她都可以立即回答，但如果某些问题需要花些时间核对数据而令别人稍微多等点儿时间，她就会感到很烦躁，觉得自己的工作不尽理想，浮现出自责的想法："做一位称职的接待员，一定要很快就能解答学生的查询。如果我无法立即回答到学生的提问，我便不是一位胜任的接待员。"另一方面，她觉得自己不懂得打扮，也不适合在接待处工作。她认为："如果要做一位成功的接待员，除了要口才了得，也要懂得衣着打扮。"

阿诗在接待处工作还有另一个烦恼，就是觉得跟同事格格不入。除了学生，她还要应对外来人员的查询，若同时间有多人来查询，她便不得不找同事协助；但如果她需要同事帮忙，而他们未能给予协助时，她便会十分焦虑及生气。

一、一周检查

在未开始进入本单元练习前，我们先想问问你，在过去一星期是否完成了一项让自己放松的活动呢？

行动内容：	
你“有”完成这项活动	你“没有”完成这项活动
你的感觉如何：＿＿＿＿＿＿＿＿ ＿＿＿＿＿＿＿＿＿＿＿＿＿ 是否可短暂减低你的焦虑：是／否 原因：＿＿＿＿＿＿＿＿＿＿ ＿＿＿＿＿＿＿＿＿＿＿＿＿ ＿＿＿＿＿＿＿＿＿＿＿＿＿	没有完成的原因：＿＿＿＿＿＿＿ ＿＿＿＿＿＿＿＿＿＿＿＿＿ ＿＿＿＿＿＿＿＿＿＿＿＿＿ ＿＿＿＿＿＿＿＿＿＿＿＿＿ ＿＿＿＿＿＿＿＿＿＿＿＿＿ ＿＿＿＿＿＿＿＿＿＿＿＿＿

二、改写思想规条

1. 思想规条

还记得什么是思想规条吗？那就是前篇所说的每个人用作衡量自己及别人的标准，亦即是对自己及别人的衡量标准。

当然，每个人对自己或别人都会持有某些衡量标准，这样有助我们去判断事情的好坏及价值。问题是我们应如何去设定这套标准，以及我们该如何灵活地运用——标准订得太高或太低、运用不得宜或矫枉过正，都会带来负面的后果。因此，我们要学会如何灵活地修正我们的不合理的思想规条。

如何改写自己的思想规条呢？

每个人的思维都存在一些可取和不可取的思想规条。请看看以下思想规条：

- 为了成功，我**必须**保持良好的人际关系，**绝不可**得罪任何同事和朋友。
- 跟异性相处时**必定**要仪容整洁、待人大方有礼，否则对方便会讨厌我。

骤眼一看，这些规条可能符合某些人的标准标尺，但肯定不会被所有人接受，并且也不见得完全合理。你如何将它们摒除或把它们放宽呢？

2. 心战

要学习改写思想规条，我们便要重新思考，以摆脱思想规条对我们与他人交往时的制约。以下是五则“心战口诀”，帮助你修改不合理的思想规条。

(1) 心战一：宽松一尺，开心一丈

凡事都不能过于执著或坚持，因为期望未必与现实相符。另外，无法实践或完成的期望，会使自己及身边的人不高兴和不满。谨记“退一步海阔天空”。同时，要问自己：“继续执著下去，对自己及他人会有什么影响呢？”

(2) 心战二：打破传统，与时并进

有些思想规条是我们从传统文化下潜移默化地学习并接受下来的。一些僵化的文化观念未必适用于现代社会。倘若我们坚持把传统观念套用于现今的生活中，我们会给自己和别人制造很多不必要的矛盾及苦恼。

(3) 心战三：善待自己，放轻责任

有些人把一些思想规条看成为一些绝对的标准和责任，并认为倘若达不到标准和未能完成责任便是彻底的失败。在这样的情况下会为自己和别人带来无穷压力，并为实践责任而疲于奔命，在无法完成责任时，更会因此而失望沮丧。

（4）心战四：善待他人，切莫强求

有时候我们不自觉地把自己的一些信念及价值观加诸于别人身上，要别人遵行我们认为是对的行为表现。一旦别人无法遵照我们的想法行事时，自己固然会感到不快，亦会不满对方的处事方式。

（5）心战五：规条我定，修订亦然

每个人对同一种思想规条的看法不一，当我们把它视为绝对正确的生活及行为指标时，我们及身边的人很可能会因而受到压力，并感到不满。但如果我们选择用另一个角度去看这些思想规条，并加以放宽，我们和身边的人都可能感到轻松一些。你愿意“选择”去改写你的思想规条吗？

若你能熟习上述“心战”的五个口诀，一定能帮助你免除很多不必要的烦恼。

三、改写思想规条的方法

1. 另立新方向

当我们发觉某些思想规条并不合理、没有必要遵从时，我们便需进一步学习如何去重新思考，为思想规条另立新方向。以下的例子将为你解说如何为思想规条另立新方向。

规条一：成功的人士必须保持良好的人际关系，绝不可得罪任何同事和朋友。

☺ 好处/帮助：可以学习建立良好的人际网络。

☹ 坏处/不良影响：每个人性格和好恶都不同，而且对事物也有不同的价值取向，当我们强求自己凡事迎合他人的喜恶，事事不敢向别人表达不同的意见和不满时，我们便会变得过分压抑自己，最后很可能变成没有原则的人，迷失自我，凡事以他人喜好为是。

• 请细想：好的人际关系或许有助你事业上成功，但两者却没有必然的因果关系。同时，理性地想，你是否可以永远都不得罪别人？如果向别人表达不同意、不满，甚至批评，是否就一定不会成功呢？

心战口诀：宽松一尺，开心一丈

•脑筋转一转，规条新方向：保持良好的人际关系，当然有利工作，但当遇上原则性和价值判断的问题时，也不一定要全盘迎合他人，我可以先尝试寻求共识和学习互相谅解啊！

规条二：做任何事情都必须做到最好，免得别人对我作出负面的评价。

☺ 好处/帮助：帮助自己尽责地完成别人所给予的工作。

☹ 坏处/不良影响：即使抱着一种极端"完美主义"的心态，也不等于真的可得到完美的结果；反之，你可能因为过于紧张自己的表现、太在意别人的眼光，而把事情搞垮，并因此对自己作出很低的评价，自尊心更为低落。

• 请细想：别人是否真的要求你完美无瑕地完成所有工作？如果是的话，这要求又是否合理？另外，究竟是别人要求你事事完美，还是个人对自己的要求？如果你不能学会降低对自己的要求，结果将会怎样呢？

心战口诀：善待自己，放轻责任

• 脑筋转一转，规条新方向：对自己有要求并不是坏事，但却不用事事追求完美，要知道世界上并无完美的人，只要尽力将事情恰当地办妥便可以。况且，一件事情能否做得好，需要天时、地利的配合，不单是个人能力的问题。

规条三：朋友必须遵守对自己的承诺，全力以赴地完成责任。

☺ 好处/帮助：朋友能完成对自己的承诺自然是美事。

☹ 坏处/不良影响：一旦朋友无法完成对自己的承诺，我们便会感到十分失望，也可能因此而断绝关系。

• 请细想：朋友完成不了对自己的承诺，确是一件憾事；但要强求他完成无法履行的责任，对自己、对他有什么好处呢？况且，你需要反问自己："我对他的要求是否过高呢？"

心战口诀：善待他人，切莫强求

• 脑筋转一转，规条新方向：如果朋友无法完成承诺，也许他有什么原因致使事情无法完成。如果我重视朋友的感情，可否不要继续强求！可能有一天，我也会无法履行对他的某些承诺呢。

规条四：作为女士，跟异性相处必须大方得体，无论说话还是用餐都要非常小心，不可出丑。

☺ 好处/帮助：在社交场合上有仪态，也是对人的礼貌。

☹ 坏处/不良影响：过分强逼自己的行为举止不可出错，对自己过分规定，会给自己很大压力，并可能因此使自己不懂得（或惧怕）跟异性相处。

• 请细想：社会对女性的定型，其实已不如以前般死板了，只要对他人有基本的尊重，讲错话或者打翻酱油也没有什么大不了的。两性相处也可以放松一点了，是吗？

心战口诀：打破传统，与时并进

• 脑筋转一转，规条新方向：跟异性相处其实礼貌最重要，现今社会对女性已没有以往的苛刻规范，要以轻松的心态去面对。

规条五：同事之间必须和谐共处，要不然便会出现很多矛盾和冲突。

☺ 好处/帮助：能够和谐共处，当然可以让大家工作时心情愉快，亦可以令工作更为顺畅。

☹ 坏处/不良影响：你硬要制造和谐气氛，避免冲突，这只会将情绪过度压抑，终有一天会爆发出来。

• 请细想：矛盾和冲突本是必然存在的事实，无可避免。况且，冲突也不一定是坏事，相互间可通过解决问题而达到更深入的了解和尊重。

心战口诀：规条我定，修订亦然

• 脑筋转一转，规条新方向：只要我不让矛盾和冲突延续下去，并在适当的时机提出来讨论，问题一定可以得到解决。

除了学习改写规条以外，你还可以用以下两个方法去帮助自己放宽规条。它们就是：常问自己“是否值得执著下去?”以及“规条宽松尺”。

2. 是否值得执著下去?

很多时候，我们不难发现自己对某些思想规条表现过于执著，不愿放弃身边某些信念，故而对自己或／及别人作出过高的期望。但某些期望可能永远无法达成，而我们又不甘愿放弃。

例如，一位母亲认为孩子一定要升读大学才算成才，结果子女的能力未能达到母亲的要求，故对双方构成很大的压力，甚至影响双方的感情和关系。究竟，母亲这种执著是否值得坚持呢?

因此，我们鼓励母亲反问自己：

“如果我再执著这项规条____，

对我及______________________（对方）有什么影响呢？这样做值得吗?

3. 思想规条宽松尺

你可以运用“思想规条宽松尺”来帮助自己度量对别人的期望“是否过高或是否合理”。同时，你亦可以提出具体的方案来改变对别人的期望。

例如，你期望孩子一定要升读大学方可成才，相反，他读不上大学便一定会一无是处，他的将来更是暗淡无光。在这种情况下，你可以做以下的练习，帮助自己反思。请完成以下练习。

（1）你认为孩子“最理想”及“最不理想”的情况是怎样：

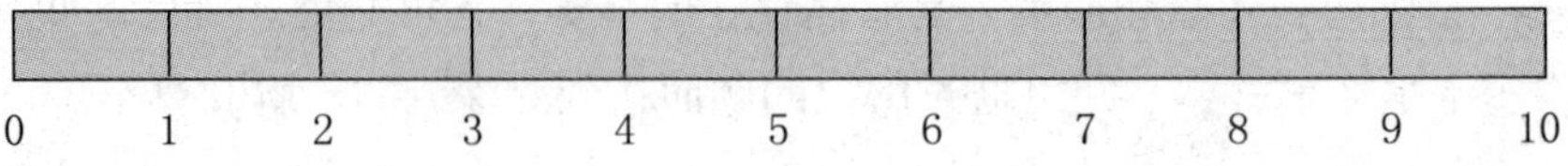

最不理想的情况（吸毒、参与黑社会活动、长期病患）

最理想的情况（学有所成、孝顺父母、事事顺利）

（2）请你仔细地想想自己孩子的情况，他在“思想规条宽松尺”所得的分数是多少？你的孩子虽然考不上大学，但绝不是不理想的坏孩子。同时，他升不上大学，他的生活及人生也不见得“暗淡无光”。或许，他只不过像邻家的孩子，生活一般而已，在宽松尺上可能只得“5”分；但你因个人的信念，硬要他变成9－10分的孩子，这样的要求合理吗？他真的可以成为9－10分的孩子吗？

（3）如果你仔细地想想孩子在其他方面的好处及优点，你是否会改变之前所给予他的分数呢？当我们放下对孩子的某些期望，并想想孩子其他方面所长，我们不难找到他的优点。或许，你会给他6－7分呢。

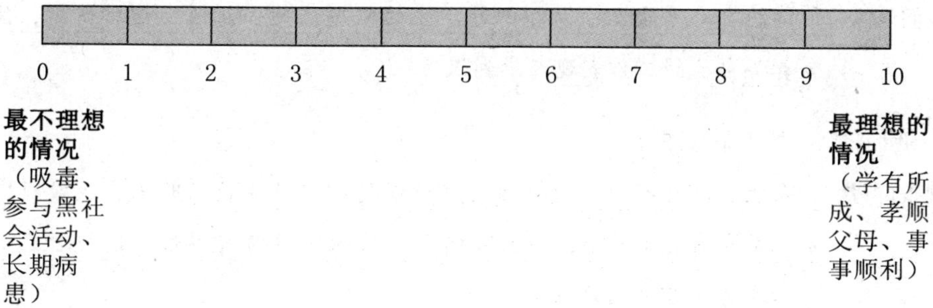

四、阿诗的再战规条

从阿诗的个案中，我们看到她不时被一些思想规条所烦恼。我们已把这些思想规条列出来，你能否帮她一个忙，运用你学会的方法来帮她将思想规条击败，我们会随即附上建议答案。

1. 以心战口诀另立新方向

（1）工作上的思想规条：“做一位称职的接待员，一定要很快就能解答学生的查询。”

她的信念是：做一位好接待员的基本条件是可以立即回答出学生的提问。

- 你觉得这个想法对阿诗有什么影响呢？

____

- 你可以怎样帮助阿诗改写这个思想规条：

____

- 你运用的心战口诀是：______________________________

▼参考答案

- 这个想法对阿诗的影响

我们认为：阿诗总会有可能无法立即回答学生的问题，她一旦遇上这种情况，便会责备自己的工作表现而感到沮丧。

- 我们将阿诗的规条修订为

规条再写：如果能实时解答学生的询问固然很理想，但若要花点时间去找数据回答也是常有发生的事，每位做接待工作的同事都曾遇过，这与自己的工作能力没有必然的关系。

- 我们运用的心战口诀是：善待自己，放轻责任

（2）工作上的规条：“如果要做一位成功的接待员，除了要口才了得，也要懂得衣着打扮。”

她的信念是：一位成功的接待员，必须口才了得，懂得衣着打扮。

- 你觉得这个想法对阿诗的情绪有什么影响呢？

____

- 你可以怎样帮助阿诗改写这个思想规条：

____

- 你运用的心战口诀是：______________________________

▼建议答案

- 这个想法对阿诗情绪的影响

我们认为：阿诗很可能会因此经常留意自己的衣着打扮，而这方面非她所长，徒为她增添不少无形压力，更容易引发她的焦虑。同时，她会时常留意别人的言行举止，并可能误以为别人事事对她评头品足，这样为自己添加不少压力。

- 我们将阿诗的规条修订为

规条再写：一位成功的接待员，主要是以诚及有礼待人，衣着只是点缀而已。

- 我们运用的心战口诀是：宽松一尺，开心一丈

（3）同事上的规条："同事间一定要互相帮助，有问题要立即给予援手。"

她的信念是：若有问题出现，同事要第一时间给予援手。

- 你觉得这个想法对阿诗的情绪有什么影响呢？

____

- 你可以怎样帮助阿诗改写这个思想规条：

____

- 你运用的心战口诀是：______________________________

▼建议答案

- 这个想法对阿诗情绪的影响

我们认为：若问题出现，一时间得不到同事的协助，或自己不可以立即给同事以援手，两种情况都会令阿诗感到不快，有挫败的感觉。

- 我们将阿诗的规条修订为

规条再写：同事当然应该互相帮助，但很多时候各自有要务在身，一下子分身不暇在所难免，自己不必太介意，大家尽了力便可以。

- 我们运用的心战口诀是：善待他人，切莫强求／善待自己，放轻责任

2. 阿诗，你是否值得执著下去？

以阿诗的情况而言，她认为：如果要做一位成功的接待员，必须要口才了得，也要懂得衣着打扮。

- 如果我硬要自己事事口才了得，衣着打扮入时，这样对自己有什么影响呢？

____

____

- 如果我执著下去，是否值得呢？

____

____

3. 阿诗借来了“思想规条宽松尺”

同样地，阿诗也可以用“思想规条宽松尺”来帮助自己。

作为一位接待员，阿诗初期只给自己 2 分：

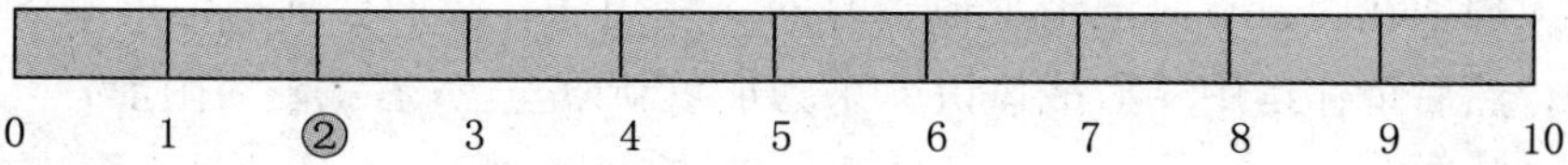

最失败的接待员（完全无法解答学生的问题、对人无礼、经常迟到及装病不上班）

最成功的接待员（对学生的提问应对自如、对学生事事关心表现殷切、准时上班）

• 分析：阿诗仔细分析自己的情况，她明白到自己虽然算不上口齿伶俐，也没法每件事都可以立即回答学生的查询；她却绝对是真诚地对待学生及尽量以自己所知去回答学生。同时，她的衣着虽赶不上潮流，也算是一般“白领”的上班服式，分析过后，她给自己6分。但她再细想下去，知道工作上自己是个尽责的人，忠于职守，最后决定给自己7分。经过这次深入的思考及对分数的调整，她感到如释重负，工作的压力大大减少！

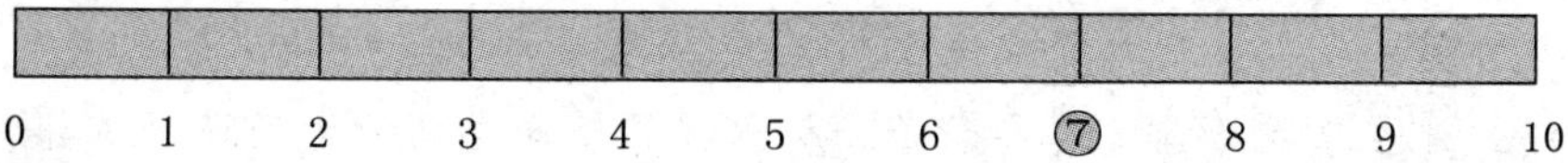

最失败的接待员（完全无法解答学生的问题、对人无礼、经常迟到及装病不上班）

最成功的接待员（对学生的提问应对自如、对学生事事关心表现殷切、准时上班）

五、练习：如何改写思想规条

1. 改写阿健的思想规条

还记得在第一单元里阿健很多不开心的经验吗？其实当中隐藏着不少他

的个人规条在内，下面记录了他当时的一些想法，我们会列出他的个人思想规条，然后请你运用“心战口诀”来为他重新改写。（答案随后附上）

阿健记事簿之
规条何其多

阿健很怕跟老同学见面，因为他觉得老同学的发展都比他优越：他们有些在外资公司身居要职，有些在金融界享有盛誉。阿健总觉得有钱有地位的人才会被人家尊重，无钱又没有地位就会被别人瞧不起，而他只不过是个银行的小职员。

工作上阿健最怕面对主管，尤其当主管有事向他问询时会感到特别不安，因为他一直认为要获得主管信任，一定要随时都可以回答任何有关工作上的提问，但这一点他觉得很难办得到。

另一方面，他觉得子女的学业成绩很重要，子女能考取优异成绩，他在亲友面前才会有面子。所以就算子女在其他方面还算不错，若考试成绩欠理想，亲友间谈起子女问题时他就很难启齿。

阿健的思想规条如下所述。

（1）交友方面的思想规条：必须有钱有地位，自己才会被朋友瞧得起。

a. 你觉得若阿健继续执著上述的想法，对阿健的情绪有什么影响呢？

b. 如果阿健继续执著下去，是否值得呢？

c. 阿健可以怎样改写这一思想规条：

d. 阿健运用的心战口诀是：

e. 阿健的“思想规条宽松尺”

• 开始时阿健觉得相对其他老同学，自己只是一位银行的客户服务主任，没钱没地位，作为一位朋友，他在“思想规条宽松尺”上只给自己2分。

他认为“最差劲的朋友”及“最理想的朋友”的情况会是：

0　1　②　3　4　5　6　7　8　9　10

最差劲的朋友（做事斤斤计较、损人利己、对人漠不关心）

最理想的朋友（未必时常见面，但会互相关心，有需要时互相帮忙）

• 你会如何运用“思想规条宽松尺”来协助阿健分析朋友之道：

• 经分析后你认为阿健作为朋友，在“思想规条宽松尺”上可以拿到多少分？

0	1	2	3	4	5	6	7	8	9	10

最差劲的朋友（做事斤斤计较、损人利己、对人漠不关心）

最理想的朋友（未必时常见面，但会互相关心，有需要时互相帮忙）

（2）员工方面的思想规条：作为被信任的员工，一定要随时都可以回答主管任何有关工作上的问询。

a. 你觉得若阿健继续执著上述的想法，对阿健的情绪有什么影响呢？

____

____

b. 如果阿健继续执著下去，是否值得呢？

____

c. 阿健可以怎样改写这一思想规条：

____

d. 阿健运用的心战口诀是：______________________________

e. 阿健的“思想规条宽松尺”

• 开始时阿健觉得作为理想的员工，一定要随时都可以回答主管的问询，所以他只给自己 3 分。

他认为“最差劲的员工”及“最理想的员工”的情况会是：

0　1　2　③　4　5　6　7　8　9　10

最差劲的员工 （对公司没有归属感、时常无法回答上司的查询、经常迟到早退）	**最理想的员工** （对公司有绝对归属感，随时能回答上司的提问，准时上下班）

- 你会如何运用“思想规条宽松尺”来协助阿健分析员工之道：

____

____

____

____

- 经分析后你会给阿健作为员工的分数：

0　1　2　3　4　5　6　7　8　9　10

最差劲的员工 （对公司没有归属感、时常无法回答上司的查询、经常迟到早退）	**最理想的员工** （对公司有绝对归属感，随时能回答上司的提问，准时上下班）

（3）对子女方面的思想规条：子女能考取优异成绩，他在亲友面前才会有面子。

a. 你觉得若阿健继续执著上述的想法，对阿健的情绪有什么影响呢？

____

____

b. 如果阿健继续执著下去，是否值得呢？

____

c. 阿健可以怎样改写这一思想规条：

____

d. 阿健运用的心战口诀是：______________________________

e. 阿健的思想规条宽松尺

• 开始时阿健觉得子女的学业成绩很重要，影响他在亲友面前的地位，所以他只给儿子的表现 2 分。

他认为“最差劲的子女”及“最理想的子女”的情况会是：

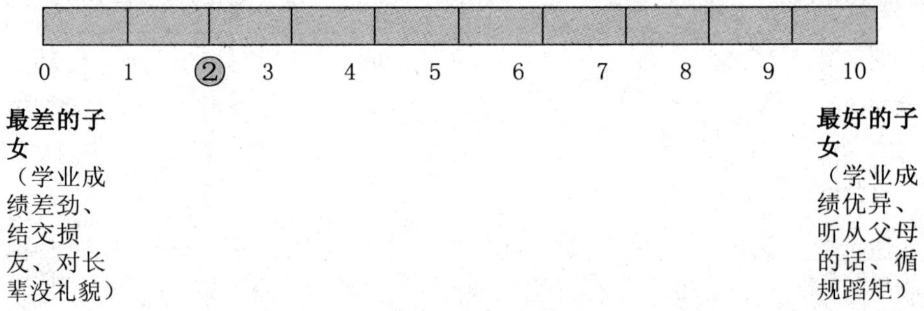

• 你会如何运用“思想规条宽松尺”来协助阿健分析子女的表现：

____

____

____

____

• 经分析后你觉得阿健会给子女的分数：

0　1　2　3　4　5　6　7　8　9　10

最差的子女（学业成绩差劲、结交损友、对长辈没礼貌）

最好的子女（学业成绩优异、听从父母的话、循规蹈矩）

▼现在，请看看我们的答案吧。

【阿健的思想规条】

（1）交友方面的思想规条：必须有钱有地位，自己才会被朋友瞧得起。

a. 你觉得若阿健继续执著上述的想法，对阿健的情绪有什么影响呢？

跟地位比他高或赚钱比他多的朋友相处时会觉得自卑，觉得别人看不起他，心情一定也不好过。

b. 如果阿健继续执著下去，是否值得呢？

若阿健继续执著下去，时常拿自己的职位跟朋友相比，只会弄得自己失去自信，心情低落，这个当然不值得。

c. 阿健可以怎样改写这一规条：

做朋友最重要的是真诚互信，名利都是次要的，只要我真心待朋友已经无愧。

d. 阿健运用的“心战口诀”是：规条我定，修订亦然

e. 阿健的思想规条宽松尺

• 开始时阿健觉得相对其他老同学，自己只是一位银行的客户服务主任，没钱没地位，作为一位朋友，他在“思想规条宽松尺”上只给自己 2 分。

他认为“最差劲的朋友”及“最理想的朋友”的情况会是：

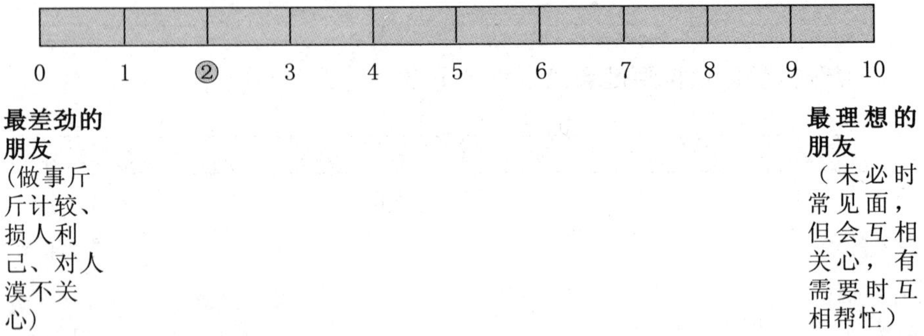

- 阿健运用“思想规条宽松尺”来协助分析自己作为朋友的表现：

虽然自己工作的职位不算高，但从不做损人利己的事，大家出来吃喝玩乐也从不斤斤计较。而且，朋友有什么有关银行问题的查询时自己都会尽己所能给予协助，让朋友得到满意的答复。虽然自己比不上他们的高薪厚禄，但却是一位乐于助人的朋友。

- 经分析后阿健认为自己作为朋友，在思想规条宽松尺上可以拿到 7 分。

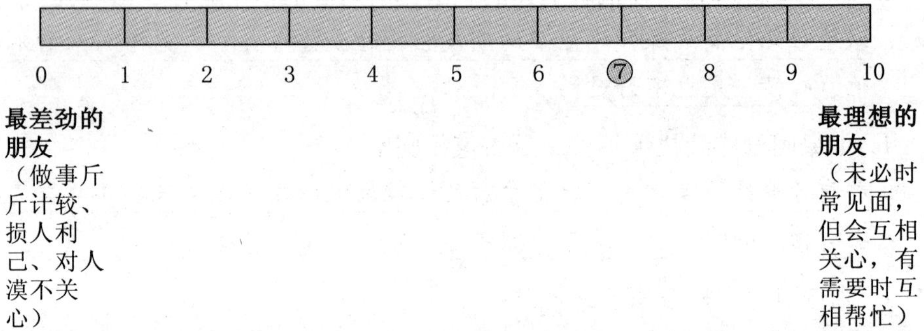

（2）员工方面的思想规条：作为被信任的员工，一定要随时都可以回答主管任何有关工作上的问询。

a. 你觉得若阿健继续执著上述的想法，对阿健的情绪有什么影响呢？

作为公司其中一位员工，不可能完全知道公司内部每一细节，所以碰到上司提问时就会很紧张，而且每当不懂得回答时就会十分苦恼、难受。

b. 如果阿健继续执著下去，是否值得呢？

这只会让阿健工作时永远战战兢兢，听到主管提问就惶恐不安，怕一下子答不上就失信于人，这种执著当然不值得继续下去。

c. 阿健可以怎样改写这一思想规条：

员工只要尽心工作，假若主管问询时一时答不上，最重要是有礼貌地向他解释，然后尽快查找相关数据。做事要尽力及有诚信才是获得主管信任的最大因素。

d. 阿健运用的“心战口诀”是：善待自己，放轻责任

e. 阿健的“思想规条宽松尺”：

• 开始时阿健觉得自己不能随时回答主管的问题，所以他在“思想规条宽松尺”上只给自己3分。

他认为“最差劲的员工”及“最理想的员工”的情况会是：

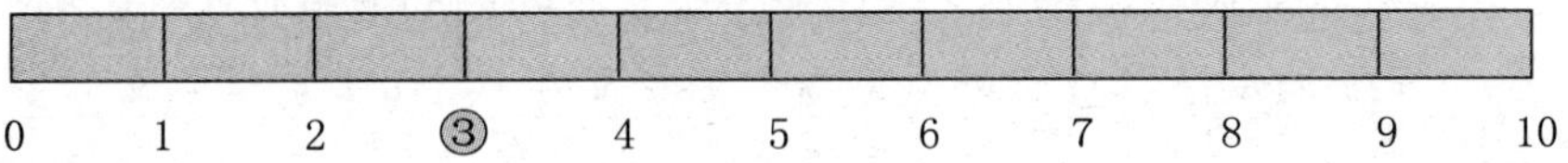

最差劲的员工（对公司没有归属感、时常无法回答上司的查询、经常迟到早退）

最理想的员工（对公司有归属感，随时能回答上司的提问，准时上下班）

• 阿健运用“思想规条宽松尺”来协助分析自己作为员工的表现：

自己虽然并不能每次都可以准确地回答到主管的提问，但其实大部分问题都可以实时回答，比起其他同事已经有不错的表现。而且自己对公司有归属感，做事尽责，绝不无故旷工，自己算得上是位忠心的员工。

• 经分析后阿健觉得自己作为员工的得分应为 8 分：

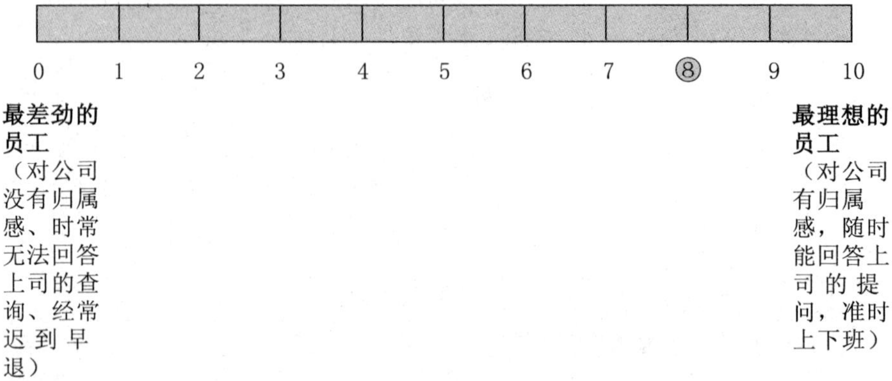

（3）对子女方面的思想规条：子女能考取优异成绩，他在亲友面前才会有面子。

a. 你觉得如果阿健继续执著上述的想法，对阿健的情绪有什么影响呢？
他将子女的成绩跟自己是否有面子直接挂钩，因而很紧张子女的学业成绩，若子女成绩欠佳，他会觉得丢脸、失望及愤怒，甚至影响与子女间的感情。

b. 如果阿健继续执著下去，是否值得呢？
若继续执著下去，而子女的成绩又没有大改进，对自己及子女都造成很大的压力，最终可能导致与子女间的关系破裂，何苦呢？

c. 阿健可以怎样改写这一思想规条：
每个人的学习能力、专长都不同，人贵乎品德，若亲友只着重成绩而忽略孩子的品德，这是他们错误理解人的价值，与自己的面子毫无关系。

d. 阿健运用的“心战口诀”是：打破传统，与时并进

e. 阿健的“思想规条宽松尺”：

• 开始时阿健觉得子女的学业成绩很重要，影响他在亲友面前的地位，所以他只给儿子的表现 2 分：

他认为“最差劲的子女”及“最理想的子女”的情况会是：

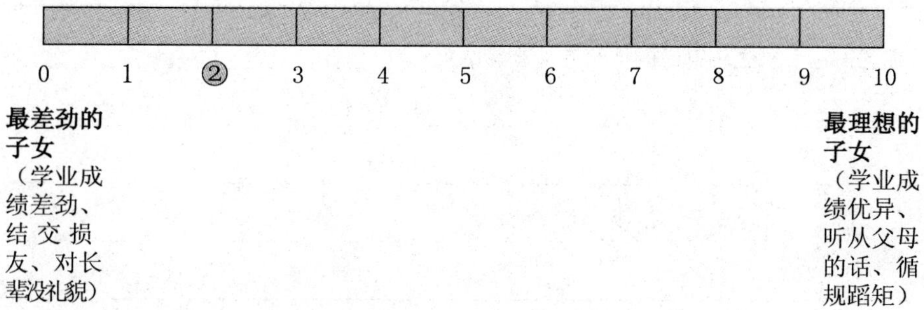

• 阿健运用“思想规条宽松尺”来协助自己分析子女的表现：

子女的学业成绩虽然只是一般，但也算品行良好，从不逃学，也没有收过老师的投诉。虽然大儿子有时会顶嘴，但处于反叛年龄的孩子大都如此，不见得他比别人坏，亦从没有在亲友面前做出令自己真正丢脸的事。经过细心思考，他决定对儿子的分数作出调整。

• 经分析后阿健给儿子的分数为6分：

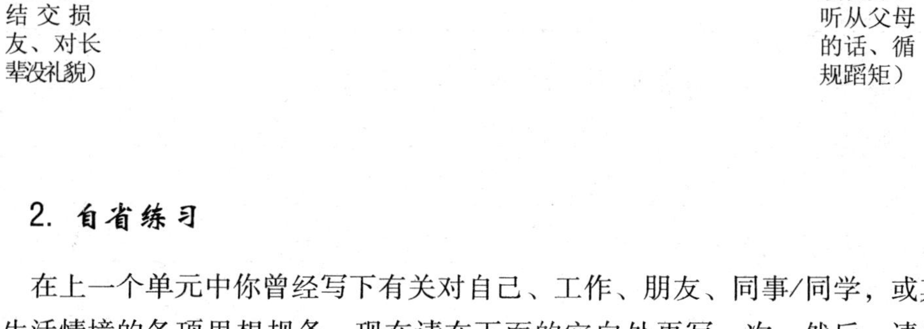

2. 自省练习

在上一个单元中你曾经写下有关对自己、工作、朋友、同事/同学，或其他生活情境的各项思想规条，现在请在下面的空白处再写一次。然后，请你重新思考，在方格内为自己的思想规条编写出新的方向。

（1）自己：______________________________

- 你觉得这个想法对自己的情绪有什么影响呢？______________________________

____

____

- 你如何改写自己的思想规条：______________________________

____

____

- 你用了哪一句心战口诀：______________________________
- 你的“思想规条宽松尺”：

0　1　2　3　4　5　6　7　8　9　10

最差劲的自己　　　　**最理想的自己**

（　）　　（　）

（　）　　（　）

（2）工作：______________________________

- 你觉得这个想法对自己的情绪有什么影响呢？______________________________

____

____

- 你如何改写自己的思想规条：______________________________

____

____

- 你用了哪一句心战口诀：______________________________

• 你的"思想规条宽松尺"：

0　1　2　3　4　5　6　7　8　9　10

最差劲的工作表现　　　　**最理想的工作表现**

(　　)　　　　(　　)

(　　)　　　　(　　)

（3）朋友：________________

• 你觉得这个想法对自己的情绪有什么影响呢？________________

____

____

• 你如何改写自己的思想规条：________________

____

____

• 你用了哪一句心战口诀：________________

• 你的"思想规条宽松尺"：

0　1　2　3　4　5　6　7　8　9　10

最差劲的朋友　　　　**最理想的朋友**

(　　)　　　　(　　)

(　　)　　　　(　　)

（4）同事/同学：________________

- 你觉得这个想法对自己的情绪有什么影响呢？________________

____

____

- 你如何改写自己的思想规条：________________

____

____

- 你用了哪一句心战口诀：________________

你的“思想规条宽松尺”：

0	1	2	3	4	5	6	7	8	9	10

最差劲的同事/同学
（　　）
（　　）

最理想的同事/同学
（　　）
（　　）

（5）其他生活情境：________________

- 你觉得这个想法对自己的情绪有什么影响呢？________________

____

____

- 你如何改写自己的思想规条：________________

____

____

- 你用了哪一句心战口诀：________________

- 你的“思想规条宽松尺”：

0	1	2	3	4	5	6	7	8	9	10

最差劲生活　　　　　　　　　　　　　　**最理想的生活**

(　　)　　　　　　　　　　　　　　(　　)

(　　)　　　　　　　　　　　　　　(　　)

六、“情绪温度计”与“身心思维自我分析表”

1. 情绪温度计

请圈出你认为最恰当的分数：0 分代表情绪非常差，10 分代表情绪非常好。

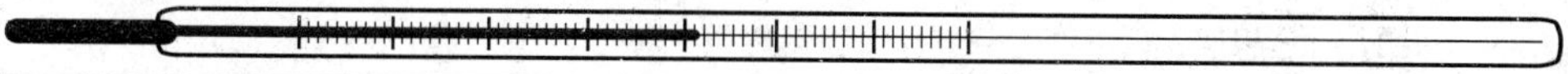

情绪温度计	0	1	2	3	4	5	6	7	8	9	10

上一单元中你的情绪指数是______分。

本星期你的情绪指数平均是______分。

你做了些什么使自己的分数较上星期高了些？______________

你在未来一星期可做些什么来提升自己的分数：____________

2. 身心思维自我分析表

请先选取一件过去一星期令你产生焦虑情绪的生活情境（可参考“焦虑排行榜”）。

	当时情境	如何运用五常法
身体反应 （警告信号）		（1）按停：按停身体警告信号
当时想法	思想陷阱类型（可能多于一种）： 想法背后可能隐藏着什么思想规条？	（2）脑袋停一停：（有何方法/提醒说话，助你暂停负面想法） 这个想法是否值得保留： □ 值得 ／ □ 不值得 原因： 你会如何修订这项思想规条： 你运用的心战口诀是：

（续）

	当时情境	如何运用五常法
情绪反应		(3) 自我反问：反驳自己的思想陷阱 建立正向思维：新观点、新角度
行为反应		(4) 分散注意力：小行动
		(5) 聪明卡：人生隽语

七、轻松行动表

又到“轻松行动表”这个环节，这个星期你打算去寻找哪些能让自己放松的事情呀？快完成以下练习吧！

轻松行动表

在未来一星期内，你打算完成哪一项放松心情的行动呢？

活动：	
日期：	时间：

预祝你的行动成功！

八、小结

• 思想规条是个人生活上的顽疾，潜伏久远而且难于治理，但这并非表示不可治愈，因为你的思考模式是可以经过学习而有所改变的。

• 如何运用你的思想模式去改变顽固的规条，需要你莫大的恒心去达成。从今天起，你应该利用本篇讲授的心战口诀来为自己改写那些已僵化的思想规条，使自己变得宽松，再剔走那些需要摒弃的思想规条。

第八单元

建立均衡生活

单元目标

完成本单元之后，你将：

1. 了解个人生活模式如何影响社交焦虑症。
2. 学习建立和实践均衡的生活模式。

阿诗记事簿之
就这样过了一天

学校今早开校务会议，这次阿诗要负责写会议记录，要跟同事一起开会她的心情已经够紧张，加上要写记录，更加令她不安起来。但出奇地，她今天的工作效率异常高，临近下班时已写好早上的会议记录并交给校长，高兴地听到校长当时称赞她的工作效率有进步。

正当她准备下班时，校长走过来告诉她记录上有少许错漏，叫她修改一下，但补充说只是小问题，略为修订便可以。但阿诗顿时面红耳赤，觉得校长看她的眼神及其他同事的反应，都好像暗地里嘲笑她不中用……

回家途中，她想起今天早上妈妈吩咐她下班时顺路到菜市场买些熬汤的用料回家，正值下班时候，菜市场内买菜的人不少，阿诗走在其中觉得浑身不自在，好像身边的人都用奇怪的眼光望向她，她不禁想到："是不是我这身衣着有问题？她们要这样子盯着我。"心里觉得怏怏不乐。

回到家里，妈妈还未到家，她便将汤料洗净，等妈妈回来处理。

一、一周检查

在未开始进入本单元练习前，我们先想问问你，在过去一星期是否完成了一项让自己放松的活动呢？

行动内容：	
你“有”完成这项活动	你“没有”完成这项活动
你的感觉如何：____________ ____________ 是否可短暂减低你的焦虑：是／否 原因：____________ ____________ ____________	没有完成的原因：____________ ____________ ____________ ____________ ____________ ____________

二、日常生活事务记录表

1. 什么是“日常生活事务记录表”

“日常生活事务记录表”是简单记录自己一星期以来的活动情况，并记下对每个活动的成就感和满足感程度。此记录表的目的是检视个人生活模式及习惯，借此分析其中有哪些不健康的元素影响着自己的焦虑情绪，从而提醒自己需要改善或建立积极的生活方式。

为了要改善自己的焦虑，阿诗把过去一星期的生活编写了一份“日常生活记录表”，以下就是一个例子。

阿诗的“日常生活事务记录表”

	一	二	三	四	五	六	日
6－7点							
7－8点							
8－9点					协助一位失明人士过马路。成就感＝3 满足感＝4		
9－10点	开会时要写会议记录。成就感＝2分 满足感＝2分	今天在接待处值班。成就感＝1分 满足感＝1分	塞车迟到。成就感＝1分 满足感＝1分	提早出门，塞车也没有迟到。成就感＝2分 满足感＝3分		今天在接待处值班。成就感＝1分 满足感＝1分	
10－11点					帮同事编好上课时间表，同事表示谢意。成就感＝4分 满足感＝3分	即时回答到同学的查询。成就感＝4分 满足感＝4分	跟家人喝早茶。成就感＝1分 满足感＝2分

（续）

	一	二	三	四	五	六	日
11－12点				计算机出了小问题，同事很快帮自己弄好。成就感＝1分 满足感＝3分			弟弟陪爸妈去探朋友，自己回家。成就感＝1分 满足感＝2分
12－13点					为一位学生找回遗失了的笔记本。成就感＝4分 满足感＝2分		
13－14点					与两位同事一起出外用膳。成就感＝2分 满足感＝3分		
14－15点			同事借用计算机。成就感＝2分 满足感＝1分	有同事生日，请吃蛋糕。成就感＝3分 满足感＝3分		下班后帮同事寄信。成就感＝1分 满足感＝3分	睡午觉。成就感＝1分 满足感＝1分

（续）

	一	二	三	四	五	六	日
15-16点	写完会议记录并获得校长称赞。成就感=4分 满足感=3分				一份文件放错了位置，同事有所埋怨。成就感=1分 满足感=1分	到图书馆看了一会儿书便离开。成就感=2分 满足感=1分	
16-17点	会议记录出了少许错。成就感=1分 满足感=1分	可以准时下班。成就感=2分 满足感=2分		应同事要求，用了一小时为她整理资料。成就感=2分 满足感=2分			在家看书。成就感=1分 满足感=2分
17-18点	到菜市场帮妈妈买了熬汤的用料。成就感=2分 满足感=2分		乘车时让座给长者。成就感=2分 满足感=3分		帮妈妈到超级市场买日用品。成就感=1分 满足感=1分		
18-19点			下班后到附近的商场逛了一会儿。成就感=2分 满足感=2分				

（续）

	一	二	三	四	五	六	日
19－20 点							
20－21 点		老同学打电话来聊了几句。成就感＝1 分 满足感＝2 分				推掉朋友明天的约会。成就感＝1 分 满足感＝2 分	
21－22 点					打电话给老同学，询问有关进修的问题。成就感＝2 分 满足感＝2 分	弟弟帮朋友向她查询报商科学校的问题。成就感＝2 分 满足感＝2 分	
22－23 点							
23－24 点							

- 成就感（5 分为最高，1 分为最低）
- 满足感（5 分为最高，1 分为最低）

从阿诗的“日常生活事务记录表中”，我们可作出以下的分析。

（1）阿诗一星期以来的成就感和满足感都偏低，难怪她时常感到情绪低落。

（2）让座给长者及协助失明人士过马路这两件事明显令阿诗的满足感较大，说明阿诗乐于助人。

（3）阿诗很重视自己的工作表现，以及与同事之间的关系：“塞车迟到令她很沮丧，成就感与满足感跌至谷底；第二天提早出门而避过塞车，令她可以准时上班，成就感与满足感亦实时提升”，“写完会议记录并得校长称赞令她很高兴，但会议记录出了少许错误又会令她十分不快”。此外，“为一位学生找回遗失了的笔记本”、“帮同事编好上课时间表，同事表示谢意”、“有同事生日，请吃蛋糕”等都会令阿诗感到满足及有成就感。这些也反映出她紧张自己的工作及与同事的关系。

（4）阿诗很怕在接待处工作，在接待处值班时，成就感和满足感的分数就会下降至谷底，没开始当天的工作已先“否定自己”。

（5）阿诗与家人关系的满足感和成就感显示颇低，其中一个原因是她一向觉得父母偏爱弟弟，所以弟弟陪父母探朋友，她却选择独自回家。她除了不想跟父母应酬之外，也由于她总觉得父母会怕她失礼于亲友面前，所以倒不如自己先行回家。她这种想法从未求证于父母，所以未免有“妄下判断”之嫌。

（6）同时，她与朋友的相处上，成功和满足感同样低落，她推掉朋友的约会，是因为怕“出席约会变成自己出丑”，这种想法无疑极端，还未成事已先行“否定自己”。

（7）阿诗的生活空间只局限于工作和家人两方面，欠缺其他的生活接触面，这使其生活变得枯燥、烦闷，而工作及家人又往往是导致压力的根源，这种生活实在令人忧心。阿诗除了没有宣泄自己情绪的途径外，也无法欣赏生活上的乐趣，更不懂得如何去疏导由生活挫折所带来的负面情绪。

三、你的日常生活事务记录表

为了让你更深入地了解自己是否过着均衡的生活，请记下自己在某个星期里做过的事情，并把它填写在日常生活事务记录表内。请选取较具代表性的那一个星期的生活写照作记录。

在填写这个练习时：

（1）请找一处宁静的地方，静下来细想过去某星期内的生活状况。

（2）你可能会忘记一些细节，请不用担心，我们只希望你尽量把记得的事件写下来。

（3）请谨记填上成就感和满足感的分数（1－5分）。

（4）如果你分析自己的情况有困难，不妨找一位好朋友（你的守护天使），跟他/她一起作这个分析吧！

（5）在填写每一个空格时，**只需写上事件及分数**，不用特别详细地把资料及感受写下来。

你的“日常生活事务记录表”

	一	二	三	四	五	六	日
6－7点							
7－8点							
8－9点							
9－10点							
10－11点							
11－12点							
12－13点							
13－14点							
14－15点							

（续）

	一	二	三	四	五	六	日
15－16 点							
16－17 点							
17－18 点							
18－19 点							
19－20 点							
20－21 点							
21－22 点							
22－23 点							
23－24 点							

- 成就感（5 分为最高，1 分为最低）
- 满足感（5 分为最高，1 分为最低）

“日常生活事务记录表”自省练习

（1）总的来说，你的生活成就感和满足感如何？________________

____

____

（2）你的生活在哪方面的满足感和成就感比较高？________________

____

____

（3）你在哪一方面的满足感和成就感比较偏低？原因何在？这与你的思想陷阱与思想规条是否有关系？

满足感和成就感偏低的生活事项	原　因	是否跟思想陷阱与思想规条有关系

（4）如果要改变你的焦虑情绪，你可在生活的哪个方面作出改善呢？

工　作	
家　人	
社交生活	
个人兴趣／娱乐	
其　他	

四、均衡生活

1. 均衡生活大追击

每个人都对理想生活有不同的看法及定义，这与个人的价值观有很大的关系。事实上，一个人有多方面的需要，均衡生活正反映了我们**生活上的需**

要，例如我们需要以工作赚取金钱维持生活，我们亦需要与家人或朋友相聚，建立稳定及亲密的人际关系。当我们的生活太偏重于某一方面时，便很容易会带来沉重的生活压力（例如过分焦虑、脾气暴躁、身体健康欠佳等），而这些压力使我们的身体及情绪长期处于紧张状态。要舒解我们生活上的压力，我们便要照顾自己各方面的需要，建立及实践均衡的生活方式。

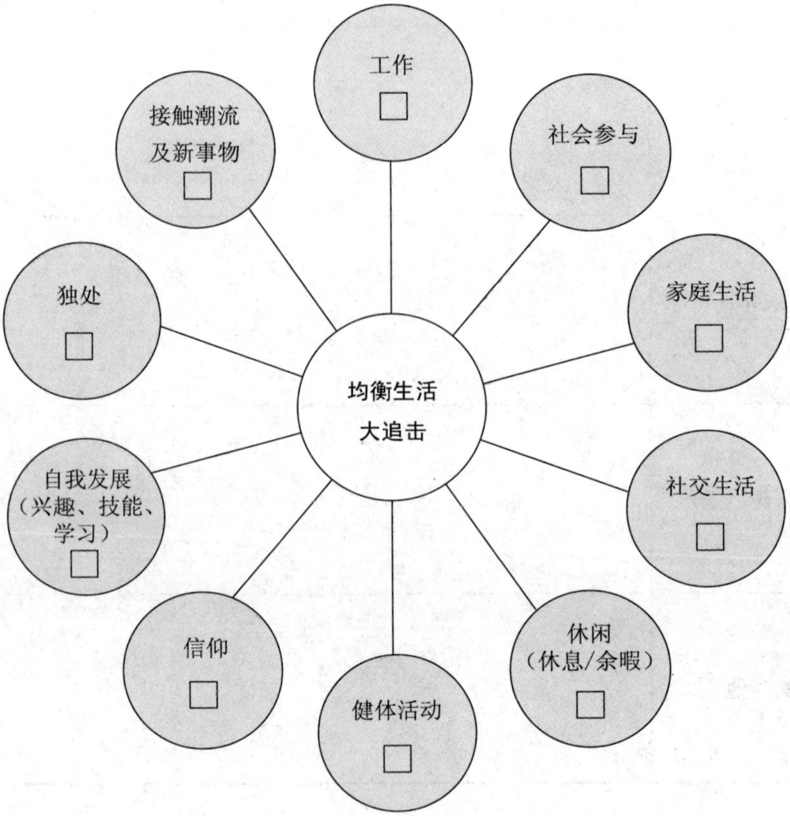

上图阐释了“均衡生活”可以包括的生活层面。每个人的需要、生活及生命都会有所不同，因而对理想中均衡生活的要求亦会有差异。但通常均衡生活有精神也有物质的层面，有个人也有与人共聚的时刻，现在请你尝试检视一下当前的生活，看看是否需要为自己重新制订均衡生活的内容，并请在前面的图表中对你认为均衡生活必须具备的生活部分内填上“√”号。

2. 均衡生活大拍卖

以下练习的目的是协助你深入了解自己的生活状况：**你的理想及现实生活**。并让你检视自己当前生活状况是否需要作出调校。

• 假设你现在拥有100万，你可运用这些金钱竞投下列各种拍卖项目，每个项目的最低额不能少于5万，而且不设上限，你会如何作出分配呢？

• 请以你期望的**理想生活模式**作为填写“理想投资额”的参考，并以**当前生活状况**作为填写“实际投资额”的参考。

在填写你的实际情况前，让我们尝试综合前面各单元有关阿健记事簿的内容，先行为他作一次“理想与实际”生活的投资分析。

阿健的“均衡生活大拍卖”

项　目	理想投资额	实际投资额
（1）工作	30万	50万
（2）与配偶的相处	10万	10万
（3）与家人相聚（父母、子女、太太），尤其是跟子女的相聚	30万	35万
（4）与朋友相聚	5万	2万
（5）休息	5万	3万
（6）娱乐	5万	0万
（7）健体活动	5万	0万
（8）发展个人兴趣	5万	0万
（9）进修学习	5万	0万
（10）认识社会潮流或新事物	0万	0万
（11）参加宗教活动	0万	0万
总计	100万	100万

现在，让我们分析一下阿健的生活状况吧。

（1）阿健花了超过一半的投资在工作上，却得不到很大的满足感（我们知道阿健觉得自己的工作表现仍不够好）。反之，他却花很少时间跟朋友相聚、甚至没有花任何投资于休息和参与其他文娱活动上。

（2）从阿健的理想投资额中，我们发现他其实想大大减少在工作上的投资，从而腾出时间作其他方面的投资。

（3）他与太太的关系尚算不错，希望能保持与太太相处的时间，以维系彼此的感情生活。

（4）阿健会稍微减少对子女的投资额，这并不表示他减低对子女的关心；相反，他明白因读书问题与儿子的关系处于紧张状态，他希望借此减少对他生活的诸多管束，从而改善父子关系。

（5）此外，他希望能平均地投资在朋友、休息、娱乐、健体活动、个人兴趣和进修学习上，这样可使自己的生活有多方面的发展空间。

（6）我们赞同阿健迈向他的理想投资策略。第一，他不会只投放资源于压力沉重的工作上；第二，他尝试改变跟儿子的关系，放下对儿子事事监管的作风；第三，他增加与朋友相处的投资，说明他摒弃了一些自卑的观念，再不怕跟一些比他有钱有地位的朋友来往；第四，他决定腾出一些资源来发展个人兴趣、娱乐和从事健体活动，这是一个较为平衡的生活方式。

五、你的均衡生活大拍卖

参考了阿健的例子，现在请你按自己当前的生活来填写这个练习。

项　目	理想投资额	实际投资额
（1）工作	万	万
（2）与配偶或男女朋友相处	万	万
（3）与家人相聚（父母、子女、丈夫、太太）	万	万
（4）与朋友相聚	万	万
（5）休息	万	万
（6）娱乐	万	万
（7）健体活动	万	万

（续）

项　目	理想投资额	实际投资额
（8）发展个人兴趣	万	万
（9）进修学习	万	万
（10）认识社会潮流或新事物	万	万
（11）参加宗教活动	万	万
总计	万	万

“均衡生活大拍卖”自省练习

（1）我的现实生活状况是否均衡呢？我偏重了哪方面的生活，又忽略了哪方面的生活呢？

我的现实生活状况是否均衡：□是／□否	
偏重了哪方面的生活？	
忽略了哪方面的生活？	

（2）从上述练习中我看到自己的理想生活有以下几方面与现实不一样。

我的理想生活与现实生活不一样的地方：

a. ______________________________

b. ______________________________

c. ______________________________

d. ______________________________

（3）如果我要得到均衡的生活，可以对自己的生活环节进行如下安排：

a. ______________________________

b. ______________________________

c. ______________________________

d. ______________________________

你的时间分配及生活管理是否与自己的理想生活背道而驰？很多人都认为理想生活的模式，是能够时常与家人共聚，但现实生活中，我们却将大部分时间埋头于工作之中，而忽略了其他重要的生活层面。

当然，个人理想的生活模式也不一定等于均衡生活，你需要清楚了解什么是均衡生活及其好处，并将其实践于现实生活之中。

检视目前的生活状况后，你认为生活上有什么地方是自己需要有所改变？你一直追求的目标又是否需要调节？

六、生活目标大追击

通过“日常生活记录表”及“均衡生活大拍卖”两个练习，你可能开始觉察当前的生活欠缺均衡。现在请尝试列出你认为应该及可以重整的生活部分，为自己定下一些长期目标及短期的实践计划。现在，且让我们再以阿健的生活为例，看看他如何为自己订定目标。

从前面的两个练习中，阿健对自己的生活状况有了一些了解，并为自己的生活定出了以下的目标，亦为各项目标写下了优先次序。

1. 阿健的生活目标优次

（第一位：最希望做到；第五位：做不到亦无妨）

优　次	生活目标	原　因
第一位	多与子女沟通	阿健一直很重视子女的成绩，以致为温习问题常与儿子有所冲突。他觉得如果能减少斥责他们，多点儿跟他们谈话沟通，对未来的父子关系至为重要。

（续）

优　次	生活目标	原　因
第二位	重建朋友的网络	阿健发现自己的生活较多偏重工作，由于以往思想上的谬误，很少花时间跟朋友联络；日后，他希望跟老同学多些相聚，以调剂生活压力，也希望借此重建以往的朋友网络。
第三位	做一些定期的健体活动	阿健近年的身体并没有以前那么好，可能花了太多时间工作，常常有点背痛。因此，阿健希望对自己好一点儿，多做些运动，以保持自己的身体健康。
第四位	娱乐	阿健希望在工作之余，也可以有点轻松的娱乐，如跟太太看场电影，或逛逛街。
第五位	休息	阿健很多时候都只睡五六个小时，又很少花时间休息（如阅读休闲书籍、听听歌），因此他希望能有多些时间休息，给自己补充更多精力。

接着，阿健决定推行他的前两项长期目标，并定出了具体计划。

2. 长期目标

长期目标	原　因
（1）多与子女沟通	阿健接受太太的建议，不想对儿子事事监管，希望可以改善两父子的关系。
（2）重建朋友的网络	阿健有两个比较要好的老同学，但由于他一直有点自卑不愿出席同学聚会，所以近来没有跟他们联络。他希望能先约这两位同学见面，然后再跟其他同学叙旧，他希望日后可慢慢扩展自己的朋友圈子。

3. 实践长期目标的具体计划

长期目标	具体计划	成效指标	完成时限	奖　励
（1）多与子女沟通	第一步：下班后见到儿子看电视不再责骂。	成功完成。	两个星期。	到戏院看场电影。
	第二步：在周末或下班后与子女倾谈一下他们的学校生活。	每星期一次。	两个月。	跟家人外出吃自助餐。
	第三步：假期时一家人到郊野公园或其他户外活动。	每个月一次。	六个月。	带一家人到主题公园游玩。
（2）重建朋友的网络	第一步：先约见两位较熟络的老同学。	成功致电，并约见两位同学出来见面。	一个月。	买一张心仪的数码唱片。
	第二步：参与其他老朋友的聚会。	每个月最少一次。	三个月。	与两位朋友吃一顿丰富的晚餐。
	第三步：主动邀约朋友相聚。	一年最少四次。	一年。	带一家人到北京旅游。

* 谨记：有些活动要将难度逐步递增，但不要强求或操之过急。

七、练习：你的生活排序

看过了阿健的计划，现在就让你填写你的长期目标及短期实践计划。

1. 你的生活目标排序

（第一位：最希望做到；第五位：做不到亦无妨）

优　次	生活目标	原　因
第一位		
第二位		
第三位		
第四位		
第五位		

现在，请选择三项你将会推行的长期目标，并定出具体计划。

2. 长期目标

长期目标	原　因
(1)	
(2)	
(3)	

3. 实践长期目标的具体计划

长期目标	具体计划	成效指标	完成时限	奖　励
(1)				
(2)				
(3)				

* 谨记：有些活动要将难度逐步递增，但不要强求或操之过急。

八、“情绪温度计”与“身心思维自我分析表”

1. 情绪温度计

请圈出你认为最恰当的分数：0 分代表情绪非常差，10 分代表情绪非常好。

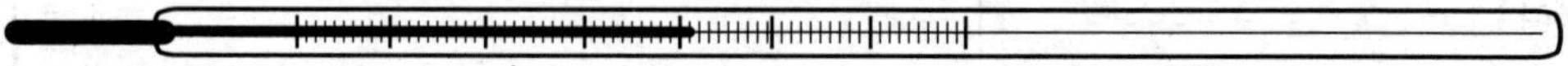

情绪温度计	0	1	2	3	4	5	6	7	8	9	10

上一单元你的情绪指数是________分。

本星期你的情绪指数平均是________分。

你做了些什么使自己的分数较上星期高了些？________________________

你在未来一星期可做些什么来提升自己的分数？______________________

2. 身心思维自我分析表

请先选取一件过去一星期令你产生焦虑情绪的社交情境（可参考“社交焦虑情境排行榜”）。

	当时情境	如何运用五常法
身体反应 （警告信号）	________________ ________________ ________________	（1）按停：按停身体警告信号 ________________ ________________
当时想法	________________ ________________ ________________ 思想陷阱类型（可能多于一种）： ________________ ________________ ________________ 想法背后可能隐藏着什么思想规条？ ________________ ________________ ________________ ________________ ________________ ________________ ________________	（2）脑袋停一停：（有何方法/提醒说话，助你暂停负面想法） ________________ ________________ ________________ 这个想法是否值得保留： □ 值得 ／ □ 不值得 原因：________________ ________________ ________________ 你会如何修订这项思想规条： ________________ ________________ 你运用的心战口诀是： ________________ ________________

（续）

	当时情境	如何运用五常法
情绪反应		（3）自我反问：反驳自己的思想陷阱 建立正向思维：新观点、新角度
行为反应		（4）分散注意力：小行动
		（5）聪明卡：人生隽语

九、轻松行动表

又到“轻松行动表”这个环节，这个星期你打算去寻找哪些能让自己放松的事情呀？快完成以下练习吧！

轻松行动表

在未来一星期内，你打算完成哪一项放松心情的行动呢？

活动：	
日期：	时间：

预祝你的行动成功！

十、小结

•理想生活并不一定等于均衡生活，当你身体不断发出信号表示你处于过度压力时，请调整你的生活模式。

•要拥有优质的生活，必须有均衡的生活，而均衡生活是一种投资，需要你调整生活中的优先级，并在生活的各个层面中保持均衡的比重。

•要重建新生活模式，必须要学习为自己订立长期目标及短期实践计划，而自我奖励是推动个人达成目标的一个好方法。

补充资料

什么叫做平衡的生活？

现代人的生活非常紧张，每天都要面对种种的生活压力。这些压力可能来自家庭、工作、社会责任及朋友等。无论压力的来源是什么，我们必须花上时间和精力去面对这些情况。但在不断虚耗个人的精力时，现代人却腾不出时间静下来休息，让身体得到充分的调适。一般而言，现代人的生活模式有以下的特点：

（1）每天都会花上颇长的时间在工作上；

（2）睡眠不足；

（3）缺乏运动；

（4）不大注重良好的饮食习惯；

（5）没有定期的余暇活动。

从压力论的观点来看，身体长期处于紧张的状态，便会影响个人的情绪及身体。因此，我们必须学习建立一个平衡的生活方式，好让我们的身体在日常生活中得到适当的调息。以下提供了一些怎样平衡生活的方法，以作参考。

1. 定时运动

研究显示，定时的运动有助于改善身心健康。例如，活跃及体格健康的人，在遇到困难时，比不活跃的人较少感受压力。另外，定时运动可减少压力、焦虑及忧郁的症状（Paterson et al.，1996）。一般而言，每星期运动 3 次，每次 20 分钟，便可令身体达到及格的健康水平。但在决定选择哪一项运动时，我们必须先接受体格检查，并与有关人士商讨后才作出决定。同时，集体运动较个人运动更能令自己持续下去，这是因为集体运动本身亦是一种社交活动。

2. 充足睡眠

压力和焦虑感都会影响睡眠，而睡眠不足反过来亦会加深个人的焦虑情绪。因此，我们必须保持充足的睡眠。最常出现的睡眠问题有以下两种：（1）难以入睡；（2）经常在睡梦中醒来，并无法再次入睡。以下是有关怎样改变睡眠问题的方法，这包括：定下固定的睡眠及起床时间、营造一个适合睡眠的环境、避免在日间小睡和在入睡时使用深呼吸或注意力分散的方法。后面的方法是针对那些在睡眠时会经常出现不自主思想的人使用。

3. 发掘自己的生活兴趣

这是现代人的另一个问题。不少现代人终日埋头苦干地工作，整个人生及所有的时间都好像奉献给工作似的。什么个人兴趣和娱乐都给抛诸脑后。但这样一来，人的生活便会变得枯燥无味。同时，把精力过分地专注在某一项的事情上亦是不智的。一旦该项事情没法给予个人满足感或使那个人感到受挫时，他便找不到另一些途径来舒缓或平衡这样的负面情绪。因此，我们应该在工作之余，发掘及发展自己的个人兴趣，一方面可为生活带来更多情趣，另一方面更可避免把精力过分专注在某一些事情上。

4. 建立良好的社交生活圈子

人类与生俱来便拥有一个群体性的本能。它不但可以保护个体的人身安全，免受动物或敌人的侵袭，同时，它亦可满足个人的心理及社交需要。只可惜现代人的生活模式变得越来越个人化，人与人之间的关系因此变得疏离。一旦个人面对一些难于解决的生活压力及问题时，我们便无法从狭窄的社交网络中找到帮助。当然，对不少社交焦虑者而言，社交也是压力的来源，但网络越大，我们便会有更多机会得到正面的支持。因此，社交焦虑与不均衡的生活是互相影响的。

大都市生活充满压力，有工作的人要面对超时工作、增值减薪的压力；没找到工作的人，要面对经济和自我价值的挑战。为了让自己生活过得好一点，让自己抵抗逆境的能力好一点，请注意均衡生活的重要性。

第九单元

总 结 篇

单元目标

1. 回顾过去，总结经验。
2. 延续学习，实践目标。

阿诗记事簿之
与焦虑说声再见

阿诗的老同学南茜发觉她老远从加拿大回港，却很难邀得阿诗出席同学聚会，就算那次她终于愿意到酒店跟她见面，但她看来浑身不自在，甚至在冷气间也不时拭汗，满脸焦躁不安的样子。作为老同学兼死党，南茜早已知道阿诗身处人多的地方就很容易产生焦虑的情绪。但这次回港，发觉阿诗的问题更加严重，似乎已经影响到她的日常生活，所以她在回加拿大前送了一本有关改善焦虑情绪的自学/辅助手册给她，希望下次回港时可以见到阿诗展现开朗的一面。

阿诗花了两个多月的时间，每星期都按手册上的指示完成该星期的练习。渐渐地，她明白到自己以前对焦虑情绪的种种误解：总以为是某个生活情景引发自己产生焦虑，但其实往往只是自己某些思想陷阱和思想规条在作祟。

在这个过程中，她学会了“五常法”：当留意到身体发出警告信号时，她会唤停自己的负面思想，从而反问自己刚才的想法是否过于偏激呢？跟着会到街上逛逛以分散注意力，有时亦会翻出自己最钟爱的聪明卡“岂能尽如人意，但求无愧于心”来看，细细体味其中真谛。熟习了以上几个步骤之后，阿诗发觉果然能令自己多次避过跌入思想陷阱；她还学懂了运用一些心战口诀去放宽自己的思想规条，让自己本来焦躁的情绪得以平复。

现在，阿诗遇上压力时出现的焦虑感已渐渐减退，她为了进一步改善自己的生活品质，决定重拾往日的一些兴趣，例如希望可以先做业余的钢琴老师教小朋友弹琴，然后再到音乐学校里教授钢琴。她也希望约会朋友，跟她们一起喝喝茶、逛逛街，务求使自己的生活可以均衡地发展，不会再让自己整天待在家中胡思乱想。

阿诗立志要跟焦虑情绪说再见！

一、从回顾到重整

从过去的一段日子里，我们以阿诗和阿健的故事为例，逐步了解了焦虑情绪如何形成，加上每星期你所完成的一篇课题练习，相信你对个人的行为和思维如何影响自己的焦虑亦加深了认识。

回顾前面各单元练习，我们花了不少篇幅阐明思想陷阱及思想规条如何影响大家，使你长时间在不同的生活情境下陷入焦虑的情绪中。因此，我们通过“五常法”去帮助你走出思想陷阱，亦利用“心战”口诀教你如何打破及摆脱思想规条的框架。

顾及未来生活的需求，从练习中，我们亦尝试协助你了解自己心目中所期盼的生活是什么，从而鼓励你为自己缔造一套良好及均衡的生活方式。

至此，我们期望通过上述各单元的练习及方法，能使那些负面的思想和行为不再使你的生活过分焦虑。以下我们会回顾本手册的学习范围，希望能归纳出过去几星期以来，你在各练习中所学到的一些重点：

（1）在过去一星期中，你的情绪指数是多少。

（2）然后，请分析自己情绪背后埋藏着的思想、行为和身体的变化。

（3）继而，写下你如何从中察觉出它们怎样影响你取得这个分数的原因。

（4）接着，写下你帮助自己跳出思想陷阱的方法。

1. “情绪温度计”与“身心思维自我分析表”

（1）情绪温度计

请圈出你认为最恰当的分数：0 分代表情绪非常差，10 分代表情绪非常好。

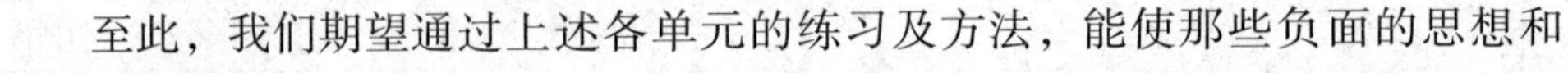

情绪温度计	0	1	2	3	4	5	6	7	8	9	10

上一单元你的情绪指数是________分。

本星期你的情绪指数平均是________分。

你做了些什么使自己的分数较上星期高了些？____________________

你在未来一星期可做些什么来提升自己的分数？__________________

（2）身心思维自我分析表

引发事件：____

身体变化（警告信号）：____________________________________

当时的想法：____

背后可能隐藏着什么思想规条：______________________________

情绪反应：____

行为反应：____

2. 一周调查

在未开始进入本单元练习前，我们先想问问你，在过去一星期有否完成一项让自己放松的活动呢？

行动内容：	
你“有”完成这项活动	你“没有”完成这项活动
你的感觉如何：__________________ ______________________________ 是否可短暂减低你的焦虑：是／否 原因：________________________ ______________________________ ______________________________	没有完成的原因：______________ ______________________________ ______________________________ ______________________________ ______________________________ ______________________________

3. 情绪警戒线

根据过去两个多月内你所记下的“情绪温度计”分数，你是否觉得自己已经找到令你情绪失控的警戒线呢？请填写出来。

你的情绪警戒线是：____________________分

> 你是否还记得？所谓“情绪警戒线”就是指情绪失控的缺口。当你察觉到自己的情绪临近这个缺口时，你便要立即提醒自己去做一些令自己冷静的事情（例如，喝水），不要做一些破坏性的行为（例如，骂人）。

4. 思想陷阱

你是否知道自己出现最频繁的思想陷阱有哪几种？请在下面填写出不多于三种你惯常跌进的陷阱类型，依频繁次数排列，“1”为最惯常跌进的陷阱。

你最惯常跌进的思想陷阱：（1）____________________

（2）____________________

（3）____________________

5. 五常法

请写出在将要跌入这些陷阱的过程中，或已跌进这些陷阱之后，你会运用“五常法”中哪些方法提醒自己避免跌入或如何走出这些陷阱。

（1）常留意身体警告信号

你认为有效的方法：____

____

（2）常唤停负面思想

你最惯常用的方法/提醒说话，帮助你暂停负面想法：____________________

____

(3) 常自我反问

你经常用作反驳自己思想陷阱的反问句子：________________

____

(4) 常分散注意力

你通常做的小行动，帮助你摆脱负面思想：________________

____

(5) 常备聪明卡

你认为哪些话，确是人生的金石良言：________________

____

____

6. 思想规条

写下你最常出现的“思想规条”，请填写不多于三项并依频繁次序排列，“(1)”为最常出现的思想规条。此外，你觉得哪些“心战口诀”可以有效地提醒自己去摆脱及放宽上述思想规条对自己的束缚。

- 你最常有的思想规条：(1) ________________

  (2) ________________

  (3) ________________

- 你运用的心战口诀有：(1) ________________

  (2) ________________

  (3) ________________

7. 均衡生活

在过去的一段时间里，你是否已找到一项在未来的日子里自己希望经常参与，而又可以让自己过均衡生活的事情呢？例如，约见老朋友、参加兴趣班等。

- 你是否已经找到：是／否
- 若是，那是什么：______________________________
- 你参与的频繁程度：______________________________

我们在上一单元中做过“均衡生活大拍卖”的自省练习，在这里，我们想知道：你是否确知在生活中加上哪些项目/活动，可以令自己的生活比以前较为均衡？再者，你未来的生活目标是什么呢？例如，在未来三个月／半年的目标是什么？你可以在下面写下来。

- 培养均衡生活的项目/活动：______________________________
- 未来三个月的生活目标：______________________________
- 未来六个月的生活目标：______________________________

二、建议和忠告

在你重整所学所得的同时，我们希望为本手册归纳出一些要点，并附上我们真诚的忠告。

- 在刚过去的日子里，因为你积极地完成了上述那些练习，你对自己的思想陷阱和思想规条可能已有了一定认识，亦对自己的生活方式多了一些掌握和理解。你可能也找到一套奏效的方法，让自己在跌进思想陷阱前可以及时警觉及逃离；而且熟读心战口诀，随时为自己修正不合理的思想规条；甚至重新编排，为自己缔造出均衡的生活方式。
- 但我们诚心希望提醒大家一点：**要多给自己时间去练习你所学到的技巧，并持续运用在日常的生活上。**所有你在本书学过的认知行为技巧，都需要时间和恒心去锻炼，并非一两个月就可以完全熟习并掌握得到。
- 你要接受一个事实，就是在学习的过程中，**自己的情况有时免不了会忽然向后倒退，**你可能会再次堕入陷阱，甚至可能又被自己的思想规条所紧绑，这些都是极有可能会出现的情况；但不要紧，**只要你的练习做得越多，方法的运用便越趋熟练，**再次跌进思想陷阱的机会便越少，建立起均衡生活习惯的机会便越大。

• 我们的人生千变万化，有时当你克服了以往一直让你焦虑的生活情境时，又可能会有新的焦虑情况出现。但不要怕，你只需视它们为你人生中的挑战，继续以本书学过的认知技巧面对它们，渐渐你会知道，遇上生活压力而产生焦虑是人生的平常事，只需要以平常心去面对。

• 另外请谨记，当你成功克服焦虑之后，多点儿去**奖励自己**。奖励自己是爱惜自己的表现，这会加强你锐意改变自己的动机和勇气。

• 此外，在练习过程中无论遇上成功还是失败，别忘记找你的守护天使倾诉和分享！

习惯需要时间去建立，所以谨记多给自己机会和时间，更不要忘记要宽待自己，不要迫使自己在最短的时间去达到最好的成果，所谓“欲速则不达”。

三、从转变到转机

在第一单元，你已经填写过《贝克焦虑量表》或《赖布维兹社交焦虑量表》，现在请你再次填写**同一个量表**，目的在于比较先后两者的分别：希望从中给你一个反思的机会，让你细品过去一段时间，自己心理历程的转变，以及得分有所差别的原因。

1. 贝克焦虑量表

下面是焦虑的一般症状，请小心细看每一个项目，然后拣选出过去一星期（包括今天）你觉得受到该症状的困扰程度，并圈出该数字。

	完全没有困扰	轻度困扰（对我没有多大困扰）	中度困扰（令我很不舒服但还可以忍受）	严重困扰（我几乎不能忍受）
（1）身体麻木或刺痛	0	1	2	3
（2）身体发热	0	1	2	3
（3）腿部颤抖	0	1	2	3
（4）不能放松	0	1	2	3

（续）

	完全没有困扰	轻度困扰（对我没有多大困扰）	中度困扰（令我很不舒服但还可以忍受）	严重困扰（我几乎不能忍受）
（5）害怕发生不好的事情	0	1	2	3
（6）头晕	0	1	2	3
（7）心悸或心率加快	0	1	2	3
（8）心神不定	0	1	2	3
（9）惊吓	0	1	2	3
（10）紧张	0	1	2	3
（11）窒息感	0	1	2	3
（12）手发抖	0	1	2	3
（13）身体摇晃颤抖	0	1	2	3
（14）害怕失去控制	0	1	2	3
（15）呼吸困难	0	1	2	3
（16）害怕快要死去	0	1	2	3
（17）恐慌	0	1	2	3
（18）消化不良或腹部不适	0	1	2	3
（19）晕倒或昏厥	0	1	2	3
（20）脸发红	0	1	2	3
（21）流汗（不是因为天热）	0	1	2	3

（1）计分方法

请将 1 至 21 题，每题所圈出的数字全部加起来，所得的数值便是你的得分。(有关详细计分方法，以及分数所代表的焦虑程度，请参看第一单元的有关部分)

在第一单元所得分数：______________________________

这次所得分数：______________________________

做了上述的练习，请追问自己一个问题：

你的焦虑有没有改变：（□有/□没有）

原因：____

____

2. 赖布维兹社交焦虑量表

以下量表列出24项日常生活可能会面对的情境。请就每个情境回答两个问题：

（1）第一个问题问及你身处该情境时的焦虑程度（以0至3表示，数字越大则越焦虑）：

0：完全不感到焦虑

1：感到有点焦虑

2：感到颇为焦虑

3：感到非常焦虑

（2）第二个问题问及你回避该情境的频繁程度（以0至3表示，数字越大则回避行为越频繁）：

0：从不会回避

1：很少回避

2：间中/有时回避

3：经常回避

请根据你过去一个星期的经验作答。如果以下一些情境你很少会碰见，你可以假设自己在该情境中可能会有的反应。

日常生活可能会面对的情境	对于该情境，你的焦虑程度？	对于该情境，你回避的频繁程度？
（1）在公众地方通电话		
（2）参与小组讨论		
（3）在公众场所进餐		

（续）

日常生活可能会面对的情境	对于该情境，你的焦虑程度？	对于该情境，你回避的频繁程度？
（4）与别人一起在公众场所进饮（包括酒精类）		
（5）跟权威人士（如上司、老师等等）交谈		
（6）在一群观众面前表演或演讲		
（7）参加派对/朋友聚会		
（8）在他人的视察下工作		
（9）在他人的视察下书写		
（10）致电一个你不太熟悉的人		
（11）跟一个你不太熟悉的人交谈		
（12）与陌生人见面		
（13）在公共洗手间小便		
（14）走进一个其他人已安坐好的房间		
（15）成为众人注意的中心人物		
（16）在会议中大声发言		
（17）参加测试/测验		
（18）向一位你不太熟悉的人表达恰当的反对或不赞同的意见		

（续）

日常生活可能会面对的情境	对于该情境，你的焦虑程度？	对于该情境，你回避的频繁程度？
（19）望向一位你不太熟悉的人的眼睛		
（20）向一组人报告/汇报		
（21）尝试结识某陌生人		
（22）向商铺退货		
（23）举行派对/朋友聚会		
（24）坚持拒绝一位强行推销的推销员		

（1）计分方法

将你填写过的得分全部加起来，看看你的总分有多少。

（有关详细计分方法，以及分数所代表的焦虑程度，请参看第一单元的有关部分）

在第一单元所得分数：______________________________

这次所得分数：______________________________

做了上述的练习，请追问自己一个问题：

你的社交焦虑有没有改变：（□有/□没有）

原因：______________________________

____

• 无论你的焦虑感已有明显的改善，抑或只有微小的改进，同样值得向你恭贺，因为确实有了改变的地方。

• 不过，无论你的改变有多少，你都需要持之以恒，继续实践“五常法”、“心战”、“均衡生活”等训练。

• 但如果你的焦虑感没有任何改变，甚至变得更糟，那你除了使用本自学手册外，我们恳请你去寻求一些专业的辅导服务，甚至可能需要接受一段时期的药物治疗。若自学的形式不适合你，转换另一种辅导或治疗的方式，对你可能更加适合，而这亦是一个认识自己、改变自己的转机——任何可以协助你改善焦虑情绪的方法，我们都非常支持。

四、正视焦虑，再接再厉！

（1）再来一次

若你在身处某种生活情境下仍感到相当焦虑，但情况又不至于太坏的话，你大可从头来过，再一次细阅本手册及填写各项练习，试看这次能否加深你对这些练习的认识和运用，从而达到改善情绪的目的。

（2）守护天使

还有，别忘记去跟你的“守护天使”谈谈，听取他/她对你在这个多月的转变有何意见，所谓“旁观者清”。

（3）网上续缘

在这里给大家一个网址，当你阅毕或完成整本手册的练习之后，你有任何感想或意见，欢迎随时登录以下这个网址：http://ccbt.sw.hku.hk/，将你的感想/意见告诉我们，我们希望在未来能聆听到你的意见或收到你提供的数据。再者，在我们的网页上，你可以随时看看是否有适合你的课程或活动可以参加。

最后，诚心祝愿你能够：跨过焦虑的瀚海，活出生命新的乐章！

参考文献

Baker, S. L., Heinrichs, N., Kim, H. J., & Hofmann, S. G. (2002). The Liebowitz Social Anxiety Scale as a self-report instrument: A preliminary psychometric analysis. *Behaviour Research and Therapy*, 40, 701 – 715.

Beck, A. T. & Clark, D. A. (1997). An information processing model of anxiety: Automatic and strategic processes. *Behavior Research and Therapy*, 35, 1, 49 – 58.

Beck, J. (1995). Cognitive therapy: *Basic and beyond.* New York: Guilford Press.

Cormier, L. S. & Hackney, H. (1987). *The professional counselor: A process guide to helping.* Englewood Cliffs, NJ: Prentice Hall.

Freeman, A., Pretzer, J., Fleming, B., & Simon, K. M. (2004). *Clinical applications of cognitive therapy.* New York: Kluwer Academic.

Heimberg, R. G., Salzman, D. G., Holt, C. S. & Blendell, K. A. (1993). Cognitive-behavioral group treatment for social anxiety: Effectiveness at five-year follopwup. *Cogntive Therapy and research*, *17*, 4, 325 – 339.

Hope, D. A., Heimberg, R. G., Juster, H. R., & Turk, C. L. (2000). *Managing social anxiety: A cognitive-behavioral therapy approach.* New York: Therapy Works.

Lee, J. Y., & Choy, C. H. (1997). The effects of the cognitive-behavioral and exposure therapy for social anxiety. *Korean Journal of Counseling and Psychotherapy*, 9, 35 – 36.

Lee, s., Tsang, A., Zhan, M. Y., Huang, Y. Q., He, Y. L., Liu, Z. R., Shen, Y. C., Kessler, R. C. (2007) Lifetime prevalence and inter-cohort variation in DSM-IV disorders in metropolitan China. *Psychological Medicine*, *37*(1), 61 – 72.

Liebowitz, M. R. (1987). Social anxiety. *Modern Problems of Pharmacopsychiatry*, 22, 141 – 173.

Lin, Y. N. (2001). The application of cognitive-behavioral therapy to counseling Chinese. *American Journal of Psychotherapy*, 55(4), 46 – 58.

Lo, H. T. & Lau, Godwin (1997). Anxiety disorders of Chinese patients. In E. Lee (Ed.), *Working with Asian Americans: A guide for clinicians* (pp. 309 – 322). New York: The Guildford Press.

Wong, D. F. K., Sun, S. Y. K., Tse, J., & Wong, F. (2002). Evaluating the cutcomes of a cognitive-behavioral group intervention model for persons at risk of developing mental health problems in Hong Kong: A pretest-posttest study. *Research on Social Work Practice*, 12, 534 – 545.

Wong, F. K. D. (in press). Cognitive behavioral treatment groups for people with chronic depression: A randomized waitlist control design. *Depression and Anxiety*, USA.

Wong, F. K. D. & Sun, S. Y. K. (in press). A preliminary study of the efficacy of cognitive-behavioral therapy group for people with social anxiety in Hong Kong. *Hong Kong Journal of Psychiatry*, Hong Kong.

Wong, F. K. D., Chau, P., Kwok, A. &, Kwan, J. (in press). Cognitive-bebavioral treatment group for people with chronic illnesses in Hong Kong: Reflections on culturally sensitive practices. International Journal of Group Psychotherapy, USA.

黄富强，孙玉杰. 2003. 情绪管理与精神健康：认知治疗小组介入手法与技巧[M]. 香港：香港大学出版社.

黄富强. 2005. 走出抑郁的深谷：认知治疗自学/辅助手册[M]. 香港：天健出版社.

黄富强. 2006. 精神病临床个案管理：致病性・压力模式[M]. 黄富强，喻慧敏，译. 香港：香港中文大学出版社.

责任编辑　周益群
版式设计　沈晓萌
责任校对　张　珍
责任印制　曲凤玲

图书在版编目（CIP）数据

驾驭焦虑：认知治疗自学/辅助手册/黄富强，孙玉杰著．—北京：教育科学出版社，2010.4
（心理书坊·心理治疗）
ISBN 978-7-5041-4597-0

Ⅰ．驾…　Ⅱ．①黄…②孙…　Ⅲ．精神疗法　Ⅳ．R749.055

中国版本图书馆 CIP 数据核字（2009）第 135310 号

出版发行	教育科学出版社		
社　址	北京·朝阳区安慧北里安园甲 9 号	市场部电话	010-64989009
邮　编	100101	编辑部电话	010-64989421
传　真	010-64891796	网　址	http://www.esph.com.cn
经　销	各地新华书店		
制　作	北京意空间工作室		
印　刷	北京中科印刷有限公司	版　次	2010 年 4 月第 1 版
开　本	169 毫米×239 毫米　16 开	印　次	2010 年 4 月第 1 次印刷
印　张	14.25	印　数	1-5 000 册
字　数	229 千	定　价	30.00 元

如有印装质量问题，请到所购图书销售部门联系调换。

原著书名：驾驭焦虑
作　者：黄富强　孙玉杰
出　版：天健出版社
NATURAL HEALTH PRESS
Rm. 1304，1065 King's Road，Quarry Bay，Hong Kong
IBSN：978. 962. 8823. 27. 7

本书原由三联书店（香港）有限公司以书名《驾驭焦虑》出版，现经由原出版公司授权教育科学出版社在中国内地出版发行。